4

ATIVIDADES

APRENDIZAGEM

MATEMÁTICA

Organizadora: SM Educação
Obra coletiva concebida,
desenvolvida e produzida
por SM Educação.

São Paulo, 2ª edição, 2022

Aprendizagem Matemática 4
© Edições SM Ltda.
Todos os direitos reservados

Direção editorial	Claudia Carvalho Neves
Gerência editorial	Lia Monguilhott Bezerra
Gerência de *design* e produção	André Monteiro
Edição executiva	Isabella Semaan
	Edição: Cristiano Oliveira da Conceição
	Suporte editorial: Fernanda Fortunato
Coordenação de preparação e revisão	DB Produções Editoriais
Colaboração editorial	Patrícia Furtado
Coordenação de *design*	Gilciane Munhoz
Coordenação de arte	Melissa Steiner Rocha Antunes
	Edição de arte: Juliana C. S. Cavalli
Coordenação de iconografia	Josiane Laurentino
	Pesquisa iconográfica: Camila D'Angelo e Marcia Sato
	Tratamento de imagem: Marcelo Casaro
Capa	Casa Rex
Projeto gráfico	DB Produções Editoriais
Editoração eletrônica	DB Produções Editoriais
Pré-impressão	Américo Jesus
Fabricação	Alexander Maeda
Impressão	Forma Certa Gráfica Digital

Dados Internacionais de Catalogação na Publicação (CIP)
(Câmara Brasileira do Livro, SP, Brasil)

Aprendizagem matemática 4 : atividades /
organizadora SM Educação ; obra coletiva
concebida, desenvolvida e produzida por SM
Educação. — 2. ed. — São Paulo : Edições SM,
2022. — (Aprendizagem matemática)

ISBN 978-85-418-2960-1 (aluno)
ISBN 978-85-418-2957-1 (professor)

1. Matemática (Ensino fundamental) I. Série.

22-110786	CDD-372.7

Índices para catálogo sistemático:

1. Matemática : Ensino fundamental 372.7

Cibele Maria Dias - Bibliotecária - CRB-8/9427

2ª edição, 2022
2ª impressão, 2022

SM Educação
Avenida Paulista, 1842 – 18º andar, cj. 185, 186 e 187 – Condomínio Cetenco Plaza
Bela Vista 01310-945 São Paulo SP Brasil
Tel. 11 2111-7400
atendimento@grupo-sm.com
www.grupo-sm.com/br

APRESENTAÇÃO

Querido estudante e querida estudante,

A coleção **Aprendizagem Matemática** foi elaborada para você praticar seus conhecimentos em Matemática.

Este material está organizado em oito módulos e, ao final de cada um deles, você encontra as seções *Problemas* e *Explore mais*.

Por meio de atividades variadas, você vai recordar e aplicar os conteúdos estudados.

Desejamos que esta coleção contribua para sua formação.

Bons estudos!

Equipe editorial

SUMÁRIO

Rafa Rodriz/ID/BR

NÚMEROS

Sistema de numeração decimal

1. Relacione as fichas que representam o mesmo número.

2 centenas	2000
200 dezenas	4500
45 centenas	450
45 dezenas	200

2. Usando algarismos, escreva os números representados com as peças do Material Dourado em cada caso.

a) _____

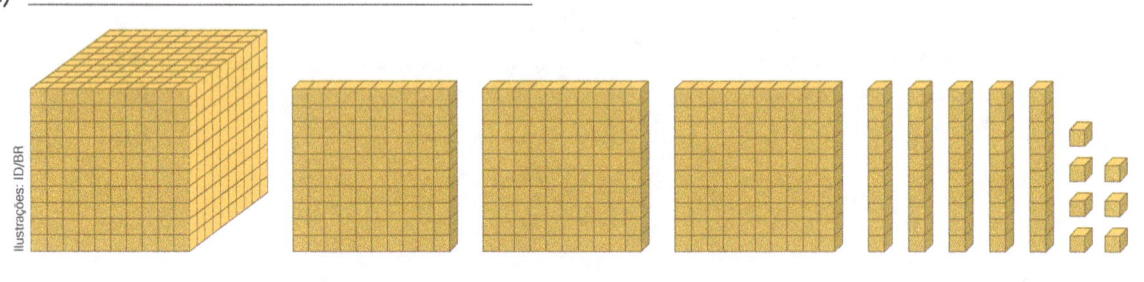

Ilustrações: ID/BR

b) _____

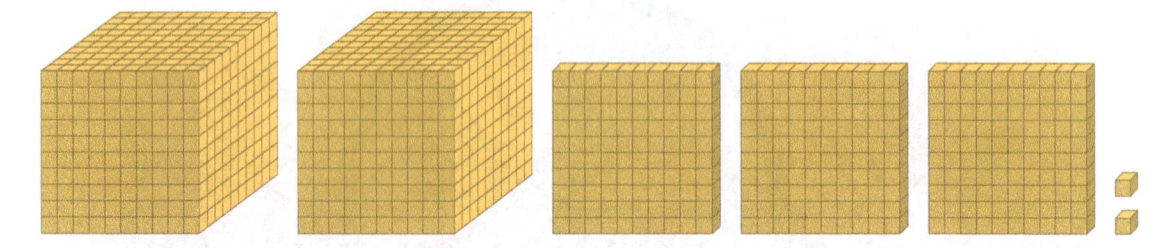

3. Escreva os números a seguir por extenso.

a) 3597: _____

b) 7428: _____

Valor posicional dos algarismos de um número

4. Escreva o valor que o algarismo 8 representa, de acordo com sua posição em cada número.

a) 4 832: _____

b) 1 978: _____

c) 3 281: _____

d) 8 129: _____

5. Em cada item, pinte a ficha que apresenta o valor posicional do algarismo 3.

a) 3 906

| 3 | 30 | 300 | 3 000 | 30 000 |

b) 36 587

| 30 000 | 300 | 3 000 | 3 | 30 |

c) 12 359

| 3 | 30 000 | 300 | 3 000 | 30 |

d) 97 463

| 300 | 30 | 30 000 | 3 000 | 3 |

6. Para organizar placas numeradas em suportes coloridos, Valquíria recebeu as instruções a seguir.

> Quando o valor posicional do algarismo 5 no número da placa for:
> - 5, a placa deve ficar no suporte **verde**;
> - 50, a placa deve ficar no suporte **vermelho**;
> - 500, a placa deve ficar no suporte **azul**.

Agora, escreva a cor do suporte que Valquíria deve usar em cada placa.

a) 2 259: _____

b) 4 521: _____

c) 6 305: _____

7. Complete a decomposição de cada número a seguir.

a)

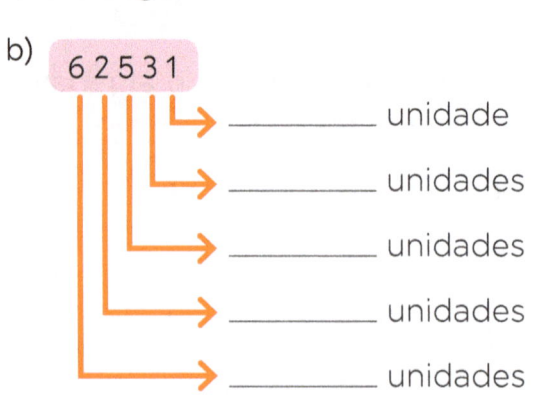

5 9 4 7 6
→ _____ unidades
→ _____ unidades
→ _____ unidades
→ _____ unidades
→ _____ unidades

b)

6 2 5 3 1
→ _____ unidade
→ _____ unidades
→ _____ unidades
→ _____ unidades
→ _____ unidades

8. Componha os números fazendo uma adição e, depois, escreva como lemos.

a)

1 dezena de milhar, 7 unidades de milhar, 4 centenas, 3 dezenas e 2 unidades

_____ + _____ + _____ + _____ + _____ = _____

Lemos: _____

b)

8 dezenas de milhar, 3 unidades de milhar, 2 centenas, 7 dezenas e 1 unidade

_____ + _____ + _____ + _____ + _____ = _____

Lemos: _____

c)

1 dezena de milhar, 4 centenas e 2 unidades

_____ + _____ + _____ = _____

Lemos: _____

d)

3 dezenas de milhar, 6 unidades de milhar e 5 dezenas

_____ + _____ + _____ = _____

Lemos: _____

Comparar e ordenar números

9. Localize cada um dos números na reta numérica a seguir.

| 7600 | 5400 | 8200 | 2300 |

1000 2000 3000 4000 5000 6000 7000 8000 9000

Agora, observando a reta numérica, responda às questões.

a) O número 2300 está mais próximo de qual unidade de milhar exata?

_____

b) O número 5400 está mais próximo de 5000 ou de 6000?

_____

c) Qual desses números está mais próximo de oito unidades de milhar?

_____

10. Usando os símbolos < (menor que) ou > (maior que), compare os números a seguir.

a) 32456 _____ 32356

b) 43567 _____ 43675

c) 31909 _____ 31999

d) 54045 _____ 54054

e) 60007 _____ 60005

f) 90098 _____ 91000

11. Escreva os números a seguir usando algarismos.

a) Noventa e oito mil e quarenta e cinco: _____

b) Trinta mil quatrocentos e cinquenta e quatro: _____

c) Vinte e quatro mil setecentos e oitenta e nove: _____

d) Cinquenta e sete mil seiscentos e sete: _____

- Agora, organize esses números em ordem crescente usando o símbolo < (menor que).

_____

PROBLEMAS

1. Observe os ábacos. Em seguida, escreva com algarismos e por extenso um número que tenha 20 000 unidades a mais que o número representado.

a)

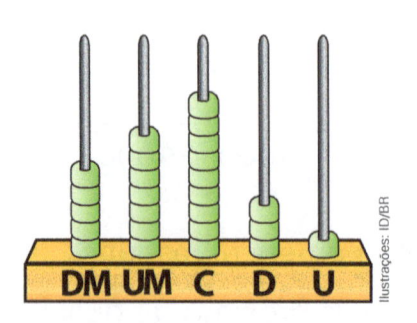

b)

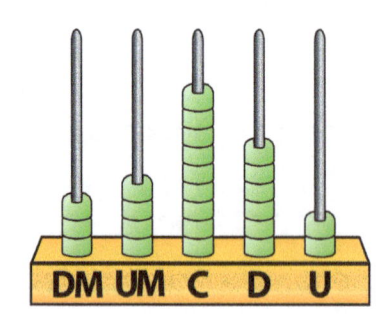

2. Silvana vai pintar cartões numerados seguindo estas regras:

> Se o valor posicional do algarismo 7 no número representado for:
> - 7, o cartão deverá ser pintado de **verde**;
> - 70, o cartão deverá ser pintado de **vermelho**;
> - 700, o cartão deverá ser pintado de **azul**;
> - 7 000, o cartão deverá ser pintado de **roxo**.

a) Pinte o cartão a seguir da mesma cor que Silvana deve pintar o cartão com o número $\boxed{34\,279}$.

b) Agora, é com você! Escreva um número cujo cartão deve ser pintado de roxo.

3. Leia as dicas de Joaquim e descubra o número em que ele está pensando.

> Pensei em um número que está entre 25 000 e 30 000. Ele tem os algarismos 0, 1, 2, 6 e 7.

> Esse número é ímpar e o maior algarismo ocupa a ordem das unidades de milhar. Além disso, o menor algarismo está na ordem das centenas.

Rafa Rodriz/ID/BR

a) Em qual número Joaquim pensou?

_____

b) Esse número está mais próximo de 25 000 ou de 30 000?

_____

4. Encontre no quadro a seguir os números indicados em cada ficha. Depois, pinte esse número de acordo com a cor da ficha.

> Setenta e nove mil trezentos e três

> Cinquenta e um mil oitocentos e vinte e um

> Cinquenta e dois mil trezentos e quarenta e um

> Quarenta e oito mil quinhentos e vinte e nove

1	0	5	2	3	4	1
2	3	9	9	1	2	0
5	7	9	3	0	3	4
6	8	2	4	5	2	1
8	4	8	5	2	9	6
3	6	9	7	4	5	8
5	1	8	2	1	3	9

EXPLORE MAIS

1. A professora Ângela desafiou a turma a descobrir o número em que ela pensou. Veja o que ela escreveu na lousa.

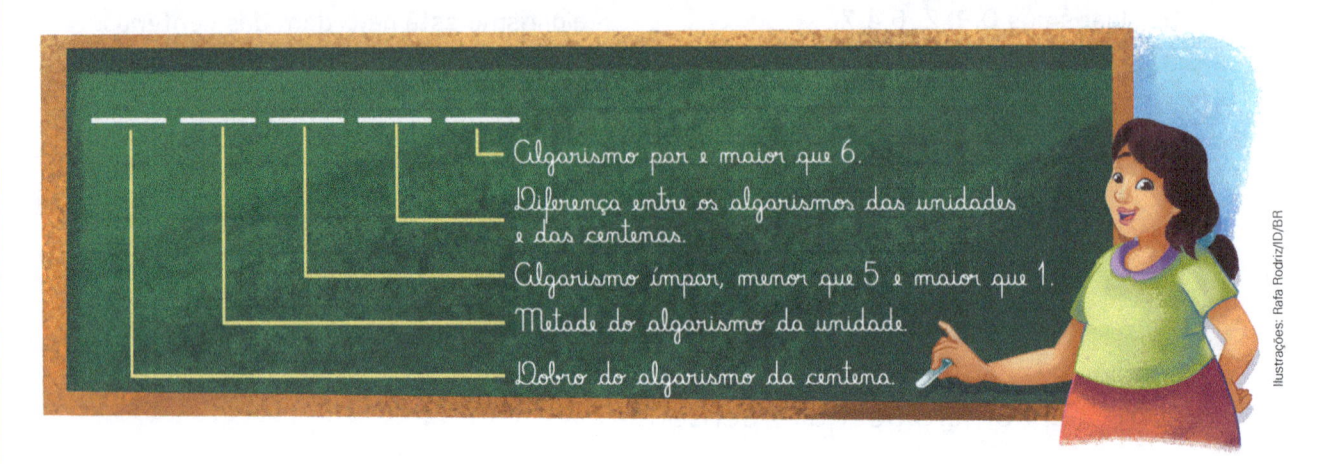

Algarismo par e maior que 6.

Diferença entre os algarismos das unidades e das centenas.

Algarismo ímpar, menor que 5 e maior que 1.

Metade do algarismo da unidade.

Dobro do algarismo da centena.

Ilustrações: Rafa Rodriz/ID/BR

Qual é o número em que a professora Ângela pensou?

a) ☐ 84 448

b) ☐ 64 358

c) ☐ 62 347

d) ☐ 46 358

2. Sandro está organizando um evento da empresa em que trabalha e encomendou *pen drives* para dar de brinde aos participantes. Observe os tipos de embalagem que ele pode encomendar.

Contém 1000 unidades

Contém 100 unidades

Contém 10 unidades

Contém 1 unidade

Sandro encomendou 6 caixas com 100 unidades, 4 caixas com 10 unidades, 12 caixas com 1000 unidades e 9 unidades avulsas. Quantos *pen drives* ele encomendou ao todo?

a) ☐ 12 649 *pen drives*.

b) ☐ 10 649 *pen drives*.

c) ☐ 12 496 *pen drives*.

d) ☐ 12 694 *pen drives*.

3. Como o sucessor do sucessor do número da cartela a seguir pode ser escrito por extenso?

a) ☐ Noventa e oito mil e cinquenta e três.

b) ☐ Noventa e oito mil e cinquenta e seis.

c) ☐ Noventa e oito mil e cinquenta e quatro.

d) ☐ Noventa e oito mil e cinquenta e cinco.

4. A tabela a seguir apresenta informações sobre algumas Olimpíadas.

Olimpíadas (2008 a 2020)		
Ano	Cidade	Número de atletas que participaram
2021(*)	Tóquio	10 417
2016	Rio de Janeiro	11 238
2012	Londres	10 568
2008	Pequim	10 942

(*) A pandemia de Covid-19 fez com que as Olimpíadas de 2020 ocorressem somente em 2021.

Fonte de pesquisa: Comitê Olímpico Brasileiro. Disponível em: https://www.cob.org.br/pt/cob/time-brasil/brasil-nos-jogos/participacoes. Acesso em: 8 abr. 2022.

Marque com um **X** a alternativa que apresenta o nome das cidades que sediaram os jogos olímpicos, considerando a ordem crescente da quantidade de atletas que participaram desse evento.

a) ☐ Londres, Pequim, Rio de Janeiro, Tóquio.

b) ☐ Tóquio, Pequim, Londres, Rio de Janeiro.

c) ☐ Tóquio, Londres, Pequim, Rio de Janeiro.

d) ☐ Rio de Janeiro, Pequim, Londres, Tóquio.

ADIÇÃO E SUBTRAÇÃO

Adição

1. Complete os espaços a seguir com o resultado da adição ou nomeando os termos que faltam.

a) 45 ⟵ _____

   + 34 ⟵ parcela

    79 ⟵ soma ou total

b) 13 ⟵ parcela

   + 25 ⟵ parcela

  ___ ⟵ _____

c) 33 ⟵ parcela

   + 64 ⟵ _____

  ___ ⟵ _____

d) 17 ⟵ _____

   + 52 ⟵ _____

  ___ ⟵ soma ou total

e) 50 ⟵ parcela

   + 39 ⟵ _____

   89 ⟵ _____

f) 45 ⟵ _____

   + 54 ⟵ _____

  ___ ⟵ _____

2. Calcule o resultado das adições utilizando o algoritmo usual.

a) 1283 + 415 = _____

UM	C	D	U
+			

c) 3187 + 5612 = _____

UM	C	D	U
+			

b) 2347 + 651 = _____

UM	C	D	U
+			

d) 4290 + 5709 = _____

UM	C	D	U
+			

3. Complete os esquemas e, depois, calcule o resultado das adições.

a) 3 218 + 2 570 = _____

$$
\begin{array}{ccccccccc}
3\,218 = & & 3\,000 & + & 200 & + & 10 & + & 8 \\
 & + & & & & & & & \\
2\,570 = & & 2\,000 & + & 500 & + & 70 & + & 0 \\
\hline
 & & \underline{\hspace{1.5cm}} & + & \underline{\hspace{1.5cm}} & + & \underline{\hspace{1.5cm}} & + & \underline{\hspace{1.5cm}} = \underline{\hspace{1.5cm}}
\end{array}
$$

b) 2 182 + 4 615 = _____

$$
\begin{array}{ccccccccc}
2\,182 = & & 2\,000 & + & \underline{\hspace{1cm}} & + & 80 & + & 2 \\
 & + & & & & & & & \\
4\,615 = & & 4\,000 & + & 600 & + & \underline{\hspace{1cm}} & + & 5 \\
\hline
 & & \underline{\hspace{1.5cm}} & + & \underline{\hspace{1.5cm}} & + & \underline{\hspace{1.5cm}} & + & \underline{\hspace{1.5cm}} = \underline{\hspace{1.5cm}}
\end{array}
$$

c) 2 581 + 7 218 = _____

$$
\begin{array}{ccccccccc}
2\,581 = & & \underline{\hspace{1cm}} & + & \underline{\hspace{1cm}} & + & \underline{\hspace{1cm}} & + & 1 \\
 & + & & & & & & & \\
7\,218 = & & 7\,000 & + & 200 & + & \underline{\hspace{1cm}} & + & 8 \\
\hline
 & & \underline{\hspace{1.5cm}} & + & \underline{\hspace{1.5cm}} & + & \underline{\hspace{1.5cm}} & + & \underline{\hspace{1.5cm}} = \underline{\hspace{1.5cm}}
\end{array}
$$

d) 7 351 + 1 616 = _____

$$
\begin{array}{ccccccccc}
7\,351 = & & \underline{\hspace{1cm}} & + & \underline{\hspace{1cm}} & + & \underline{\hspace{1cm}} & + & \underline{\hspace{1cm}} \\
 & + & & & & & & & \\
1\,616 = & & \underline{\hspace{1cm}} & + & \underline{\hspace{1cm}} & + & \underline{\hspace{1cm}} & + & \underline{\hspace{1cm}} \\
\hline
 & & \underline{\hspace{1.5cm}} & + & \underline{\hspace{1.5cm}} & + & \underline{\hspace{1.5cm}} & + & \underline{\hspace{1.5cm}} = \underline{\hspace{1.5cm}}
\end{array}
$$

e) 5 146 + 3 723 = _____

$$
\begin{array}{ccccccccc}
\underline{\hspace{1cm}} = & & \underline{\hspace{1cm}} & + & \underline{\hspace{1cm}} & + & \underline{\hspace{1cm}} & + & \underline{\hspace{1cm}} \\
 & + & & & & & & & \\
\underline{\hspace{1cm}} = & & \underline{\hspace{1cm}} & + & \underline{\hspace{1cm}} & + & \underline{\hspace{1cm}} & + & \underline{\hspace{1cm}} \\
\hline
 & & \underline{\hspace{1.5cm}} & + & \underline{\hspace{1.5cm}} & + & \underline{\hspace{1.5cm}} & + & \underline{\hspace{1.5cm}} = \underline{\hspace{1.5cm}}
\end{array}
$$

Propriedades da adição

4. Veja a adição a seguir.

$$146 + 251 + 336 = 733$$

Ana usou essa adição para facilitar o cálculo de outra adição: $149 + 254 + 337$. Observe como ela fez no quadro a seguir.

$$149 \quad + \quad 254 \quad + \quad 337 \quad =$$
$$= \quad 146 + 3 + 251 + 3 + 336 + 1 \quad =$$
$$= (146 + 251 + 336) + (3 + 3 + 1) =$$
$$= \quad 733 \quad + \quad 7 \quad = 740$$

Agora, faça como Ana: resolva as adições a seguir, utilizando a adição $146 + 251 + 336 = 733$ como referência.

a) $154 + 253 + 340 =$ _____

b) $150 + 256 + 342 =$ _____

c) $149 + 261 + 343 =$ _____

Subtração

5. Complete os espaços a seguir com o resultado da subtração ou com os termos que faltam.

a)
```
    77  ←  _____
  − 32  ←  subtraendo
  ____
    45  ←  _____
```

b)
```
    86  ←  _____
  − 25  ←  _____
  ____
  ____  ←  _____
```

c)
```
    96  ←  minuendo
  − 34  ←  _____
  ____
    62  ←  _____
```

d)
```
    516  ←  _____
  − 405  ←  _____
  _____
  _____  ←  _____
```

e)
```
    356  ←  _____
  − 234  ←  _____
  _____
    122  ←  _____
```

f)
```
    889  ←  _____
  − 443  ←  _____
  _____
  _____  ←  _____
```

6. Calcule o resultado das subtrações utilizando o algoritmo usual.

a) 9 871 − 7 350 = _____

UM	C	D	U
9	8	7	1
− 7	3	5	0
___	___	___	___

c) 2 598 − 1 572 = _____

UM	C	D	U
2	5	9	8
− 1	5	7	2
___	___	___	___

b) 5 186 − 3 042 = _____

UM	C	D	U
5	1	8	6
− 3	0	4	2
___	___	___	___

d) 3 688 − 1 546 = _____

UM	C	D	U
3	6	8	8
− 1	5	4	6
___	___	___	___

7. Complete os esquemas e, depois, calcule o resultado das subtrações.

a) 3278 − 2154 = _____

$$3278 = \quad 3000 \; + \; 200 \; + \; 70 \; + \; 8$$
$$2154 = \quad 2000 \; + \; 100 \; + \; 50 \; + \; 4$$
(−)

_____ + _____ + _____ + _____ = _____

b) 4975 − 3263 = _____

$$4975 = \quad 4000 \; + \; \text{\_\_\_\_\_} \; + \; 70 \; + \; 5$$
$$3263 = \quad \text{\_\_\_\_\_} \; + \; 200 \; + \; \text{\_\_\_\_\_} \; + \; 3$$
(−)

_____ + _____ + _____ + _____ = _____

c) 3798 − 3523 = _____

$$3798 = \quad \text{\_\_\_\_\_} \; + \; \text{\_\_\_\_\_} \; + \; \text{\_\_\_\_\_} \; + \; 8$$
$$3523 = \quad 3000 \; + \; 500 \; + \; \text{\_\_\_\_\_} \; + \; 3$$
(−)

_____ + _____ + _____ + _____ = _____

d) 5762 − 3420 = _____

$$5762 = \quad \text{\_\_\_\_\_} \; + \; \text{\_\_\_\_\_} \; + \; \text{\_\_\_\_\_} \; + \; \text{\_\_\_\_\_}$$
$$3420 = \quad \text{\_\_\_\_\_} \; + \; \text{\_\_\_\_\_} \; + \; \text{\_\_\_\_\_} \; + \; \text{\_\_\_\_\_}$$
(−)

_____ + _____ + _____ + _____ = _____

e) 9187 − 4165 = _____

_____ = _____ + _____ + _____ + _____
_____ = _____ + _____ + _____ + _____
(−)

_____ + _____ + _____ + _____ = _____

Adição e subtração: operações inversas

8. Observe como Alessandra fez para verificar se efetuou corretamente a subtração 35 − 23.

Subtração	Verificação
3 5 − 2 3 ——— 1 2	1 2 + 2 3 ——— 3 5

Agora, faça como Alessandra: resolva as subtrações e, depois, faça a verificação.

a) 47 − 26

c) 421 − 219

b) 345 − 234

d) 5 024 − 2 376

9. Patrícia tem uma coleção de 78 chaveiros, deu alguns à irmã dela e ficou com 59 chaveiros.

a) Quantos chaveiros Patrícia deu à irmã?

_____

b) Se a irmã dela devolvesse todos os chaveiros que ganhou, com quantos chaveiros Patrícia ficaria?

_____

PROBLEMAS

1. Mariana e Camila colecionam lápis. Mariana tem 39 lápis. Elas juntaram todos os lápis e ficaram com 65 ao todo. Quantos lápis Camila tem?

_____

2. Observe as quantias que Enzo e Vítor ganharam de aniversário dos avós.

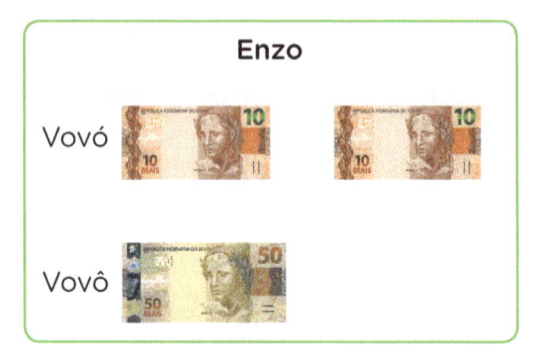

a) Escreva a operação que representa a quantia total que cada um dos garotos ganhou.

- Enzo: _____

- Vítor: _____

b) Complete as lacunas com a quantia recebida pelos garotos.

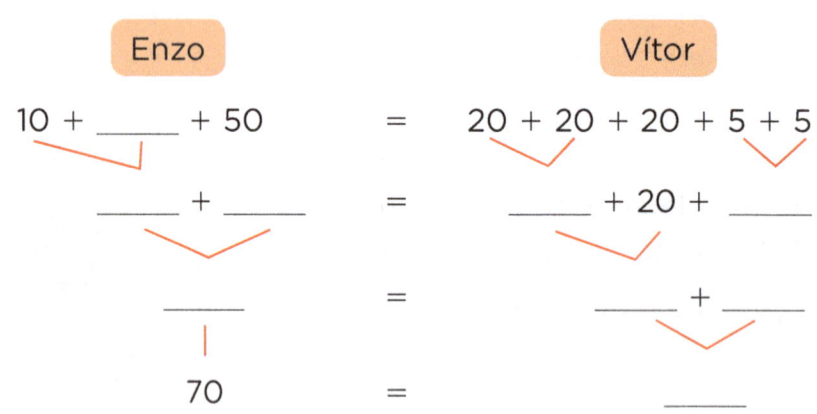

Enzo		Vítor

$$10 + \rule{1cm}{0.4pt} + 50 \quad = \quad 20 + 20 + 20 + 5 + 5$$

$$\rule{1cm}{0.4pt} + \rule{1cm}{0.4pt} \quad = \quad \rule{1cm}{0.4pt} + 20 + \rule{1cm}{0.4pt}$$

$$\rule{1cm}{0.4pt} \quad = \quad \rule{1cm}{0.4pt} + \rule{1cm}{0.4pt}$$

$$70 \quad = \quad \rule{1cm}{0.4pt}$$

c) Enzo gastou 12 reais com um mangá e 6 reais com um suco. Vítor gastou 9 reais com figurinhas e 9 reais com uma lapiseira. Com quantos reais cada um ficou?

_____

3. Leia como Ivo pensou para calcular o resultado de 30 000 − 11 017.

Como seriam necessárias muitas trocas, calculei o resultado da subtração 29 999 − 11 017 e obtive 18 982. Depois...

Ilustrações: Rafa Rodriz/ID/BR

a) O que Ivo pode ter feito para obter o resultado da subtração 30 000 − 11 017?

_____

_____

_____

b) Ivo calculou corretamente. Que resultado ele obteve?

_____

4. Taís retirou um bloco do prato 1, e a balança ficou desequilibrada.

Prato 1   Prato 2

120 g   105 g   95 g   200 g   95 g   25 g   15 g

Para que a balança volte a ficar equilibrada, qual é a massa do bloco que Taís deve retirar do prato 2? Por quê?

_____

_____

EXPLORE MAIS

1. Observe as operações a seguir.

$$\bigstar - 3\,000 = 1\,000$$
$$\blacklozenge + 2\,000 = 5\,000$$

Marque com um **X** a alternativa correta.

a) ☐ $\bigstar = 4\,000$ e $\blacklozenge = 3\,000$

b) ☐ $\bigstar = 3\,000$ e $\blacklozenge = 4\,000$

c) ☐ $\bigstar = 2\,000$ e $\blacklozenge = 3\,000$

d) ☐ $\bigstar = 4\,000$ e $\blacklozenge = 7\,000$

2. Em um jogo, Vanessa fez 103 pontos na primeira fase, 983 pontos na segunda fase e 422 na última fase. Para saber o total de pontos de Vanessa, veja como Pedro e Marcos realizaram os cálculos.

Primeiro, adicionei 103 a 983 e obtive 1086. Depois, adicionei 1086 a 422 e obtive 1508.

Eu adicionei 983 a 422 e obtive 1405. Depois, adicionei 1405 a 103 e obtive 1508.

Rafa Rodriz/ID/BR

Marque com um **X** a sentença verdadeira.

a) ☐ Apesar de os dois terem obtido os mesmos resultados, o raciocínio correto é o de Pedro, pois na adição devemos sempre adicionar as parcelas na ordem em que elas aparecem (da esquerda para a direita).

b) ☐ Os dois resolveram corretamente, pois na adição a soma não se altera ao associar as parcelas de diferentes maneiras.

c) ☐ Apesar de os dois terem obtido os mesmos resultados, o raciocínio correto é o de Marcos, pois na adição devemos sempre adicionar as parcelas na ordem inversa daquela em que elas aparecem (da direita para a esquerda).

d) ☐ Os dois cometeram erros ao resolver as adições.

3. Caio tem 106 *cards* em sua coleção e ganhou mais alguns. Lúcia tem 98 *cards* e ganhou mais 32 *cards* da mãe dela.

Sabendo que, depois de ganharem os *cards*, Lúcia e Caio ficaram com a mesma quantidade, quantos *cards* Caio ganhou?

a) ☐ 32 *cards*.

b) ☐ 24 *cards*.

c) ☐ 106 *cards*.

d) ☐ 130 *cards*.

4. O professor Luís pediu aos estudantes que estimassem o resultado da adição 12 320 + 15 670, arredondando cada parcela para a unidade de milhar mais próxima. Veja como quatro de suas estudantes fizeram.

Eu arredondei 12 320 para 12 300, e 15 670 para 15 700. Assim, o resultado da adição é aproximadamente 28 000.

Eu arredondei 12 320 para 12 000, e 15 670 para 16 000. Assim, o resultado da adição é aproximadamente 28 000.

Eu arredondei 12 320 para 13 000 e 15 670 para 16 000. Assim, o resultado da adição é aproximadamente 29 000.

Eu arredondei 12 320 para 12 000 e 15 670 para 15 700. Assim, o resultado da adição é aproximadamente 27 700.

Andrea

Rosana

Laís

Joyce

Ilustrações: Rafa Rodriz/ID/BR

Qual das meninas fez a estimativa seguindo corretamente as orientações do professor Luís?

a) ☐ Andrea.

b) ☐ Laís.

c) ☐ Rosana.

d) ☐ Joyce.

GEOMETRIA

Cubo e paralelepípedo

1. Observe a figura abaixo e, depois, complete as frases.

A figura representa um _____ cujas faces são _____.

A base dessa figura tem _____ lados e _____ vértices.

No total, essa figura tem _____ faces, _____ vértices e _____ arestas.

2. Bruno e os colegas vão brincar com um jogo. No início do jogo é preciso empilhar 54 peças, como mostrado na figura a seguir.

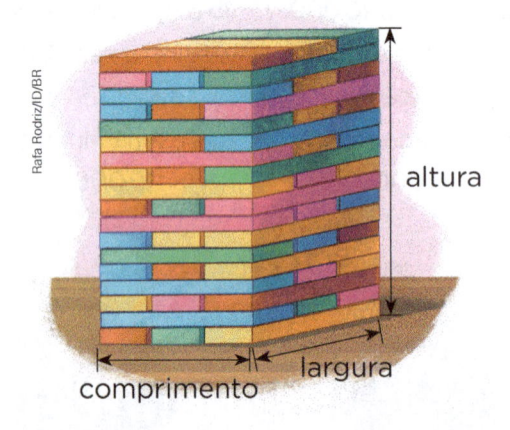

Observe que cada peça desse empilhamento lembra um paralelepípedo como o representado a seguir. Cada peça tem 1 cm de altura, 3 cm de comprimento e 9 cm de largura.

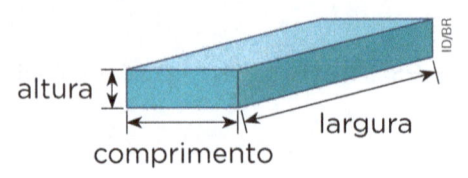

Escreva as medidas da pilha de peças.

- Altura: _____

- Comprimento: _____

- Largura: _____ cm

Pirâmide e prisma

3. Escreva o nome e o número de vértices de cada um dos prismas.

a)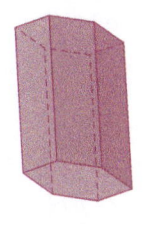

b)

c)

_____

_____

_____

_____

_____

_____

_____

_____

_____

4. Veja as planificações de superfícies de pirâmides representadas a seguir.

A   B   C   D

Agora, complete o quadro com a planificação correspondente e o número de vértices, de faces e de arestas de cada pirâmide.

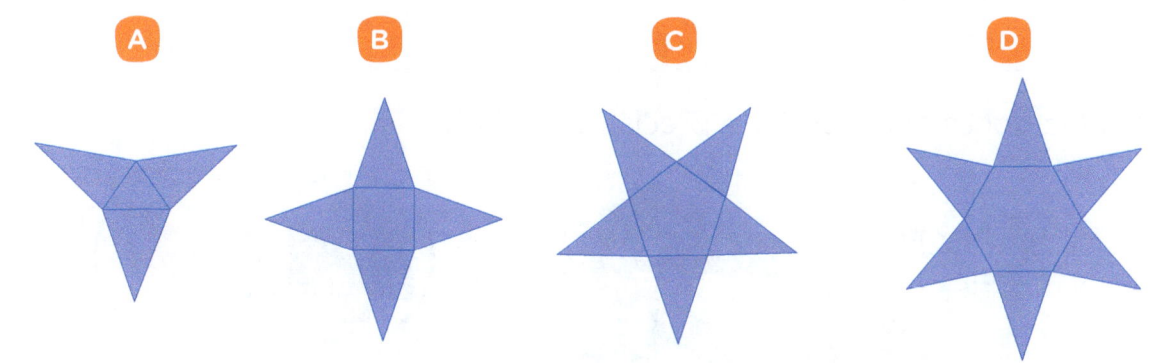

Figura				
Planificação				
Número de vértices				
Número de faces				
Número de arestas				

Cilindro, cone e esfera

5. Observe as figuras a seguir e, depois, responda às questões.

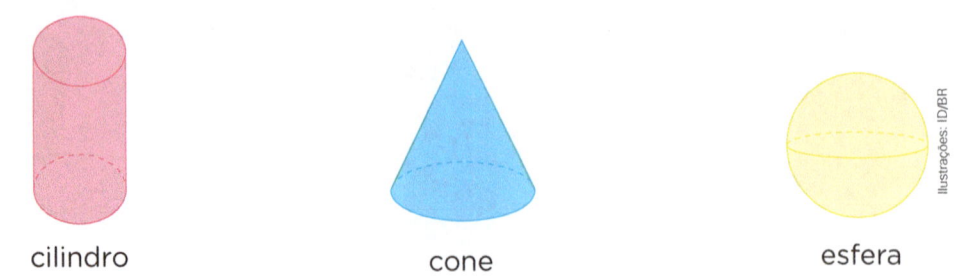

cilindro

cone

esfera

Ilustrações: ID/BR

a) Qual das figuras acima não tem base, nem vértice, nem aresta?

_____

b) Qual das figuras tem apenas um vértice? _____

c) Qual é o polígono que aparece na planificação da superfície do cilindro?

_____

6. Lia faz doces para vender e precisa embalá-los.

Rafa Rodriz/ID/BR

Analise o formato dos doces de morango e de chocolate e as embalagens que ela comprou e, depois, responda às questões.

a) O doce de morango lembra qual figura geométrica não plana? E o doce de chocolate?

_____

_____

b) Qual cor de embalagem Lia vai utilizar para cada tipo de doce?

_____

_____

Simetria

7. Observe as imagens a seguir. Depois, verifique se elas apresentam simetria. Em caso, afirmativo, utilize uma régua para traçar os eixos de simetria que você identificou.

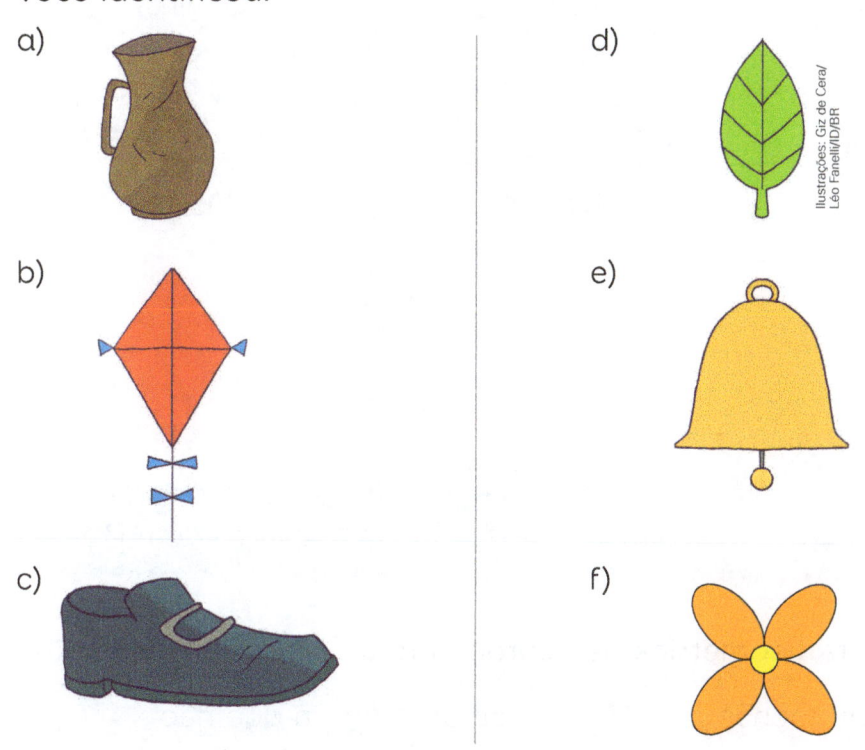

a)

b)

c)

d)

e)

f)

Ilustrações: Giz de Cera/ Léo Fanelli/ID/BR

8. Desenhe na malha quadriculada a seguir uma figura que tenha simetria. Lembre-se de desenhar o eixo de simetria.

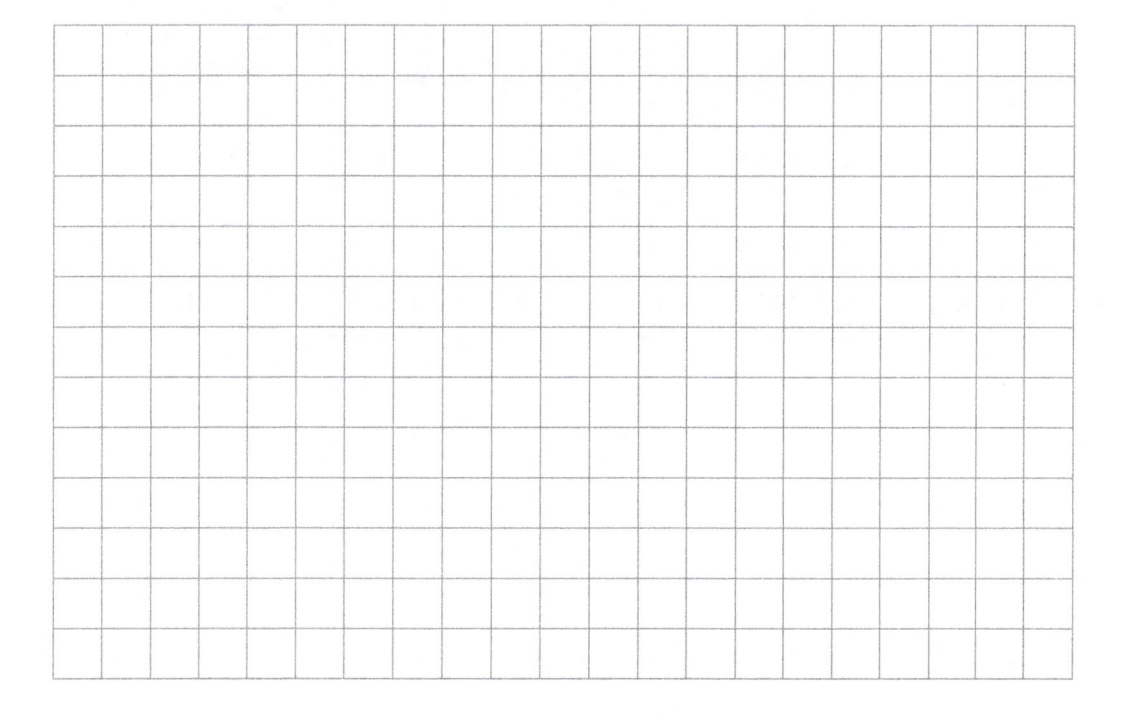

Ângulos

9. Associe cada relógio à ficha que descreve o giro realizado pelo ponteiro.

Ilustrações: Giz de Cera/
Tel Coelho/ID/BR

| Giro de meia-volta. | Giro de uma volta completa. | Giro de um quarto de volta. |

10. Desenhe uma figura geométrica de acordo com a característica solicitada.

a) Uma figura com apenas um ângulo reto.

c) Uma figura que não tenha ângulos retos.

b) Uma figura com apenas dois ângulos retos.

d) Uma figura com quatro ângulos retos.

Reta e segmento de reta

11. Veja as retas representadas a seguir e, depois, faça o que se pede.

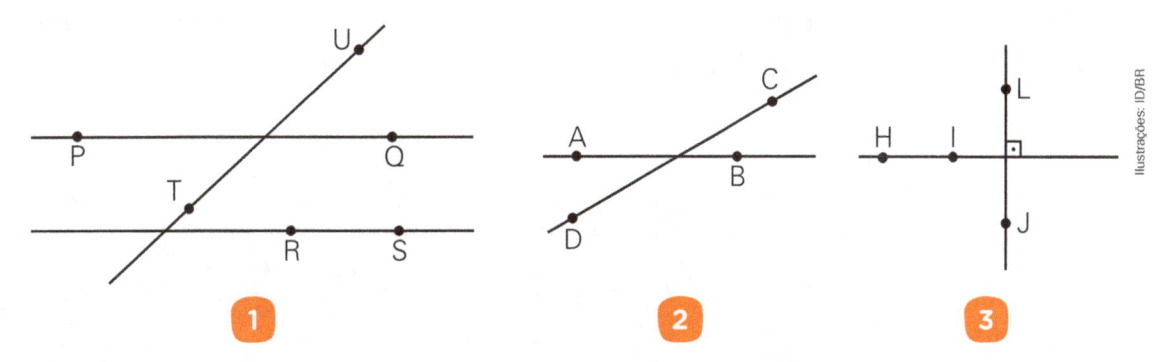

a) Marque os pontos em que as retas de cada figura se cruzam. Identifique esses pontos com letras diferentes das que já existem.

b) Considere a reta que passa pelos pontos A e B e a reta que passa pelos pontos C e D. Como podemos classificá-las?

_____

c) Em que figura estão representadas duas retas perpendiculares?

_____

d) Em uma das figuras foram representadas duas retas paralelas. Por quais pontos destacados cada uma dessas retas passa?

_____

e) Com uma régua, trace uma reta que passe pelos pontos R e Q.

f) Considerando a reta que passa pelos pontos T e U e a reta que você traçou, como podemos classificá-las?

_____

12. Laura representou uma pirâmide e percebeu que as arestas dessa figura são segmentos de reta. Observe a imagem e, depois, responda às questões.

a) Quantos segmentos de reta Laura desenhou?

_____

b) Identifique as extremidades de todos os segmentos de reta que Laura desenhou.

_____

Movimentação

13. Sabrina fez a representação de algumas alamedas do zoológico que visitou no fim de semana e identificou os recintos dos animais de que mais gostou. Veja a representação de Sabrina e, depois, faça o que se pede.

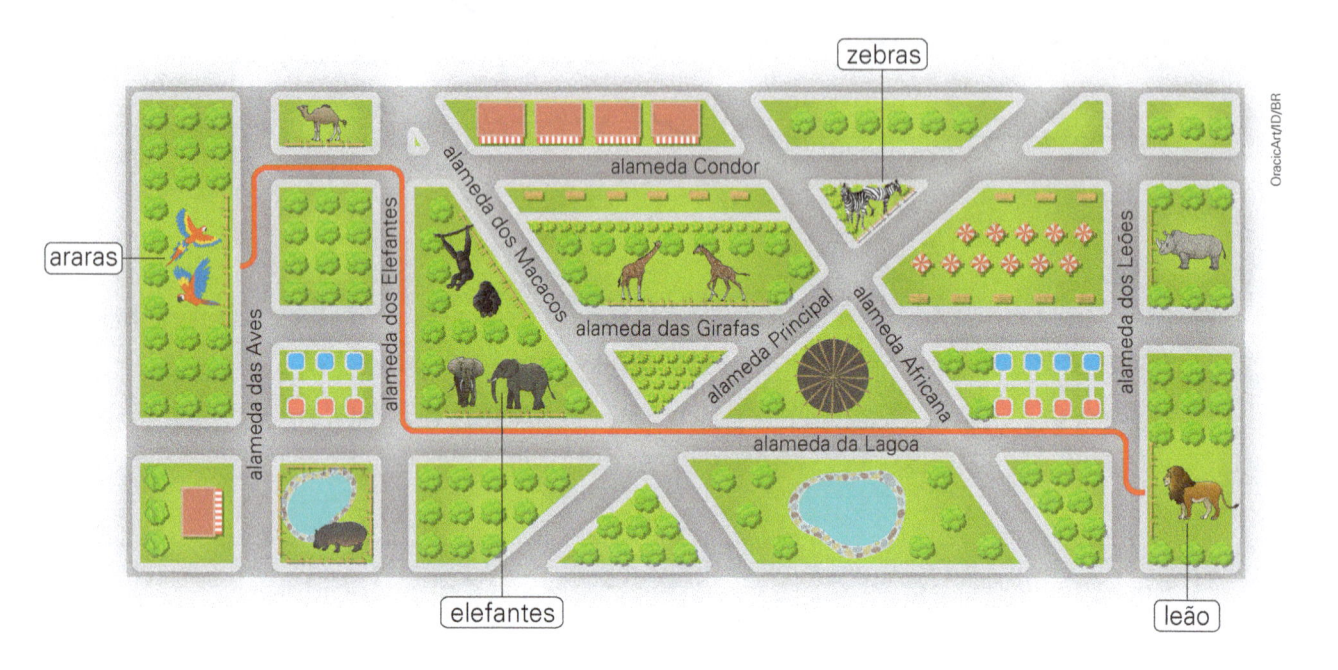

a) Quais alamedas cortam a alameda da Lagoa e passam pelo recinto das zebras?

_____

b) Quais alamedas são paralelas à alameda dos Leões?

_____

c) Na representação, o caminho que Sabrina fez do recinto do leão até o recinto das araras está destacado em vermelho. Como você descreveria o trajeto feito por Sabrina?

_____

_____

_____

_____

_____

_____

14. O caminho que Lucas fez para ir do estádio até a lanchonete está destacado em amarelo na representação a seguir. Veja.

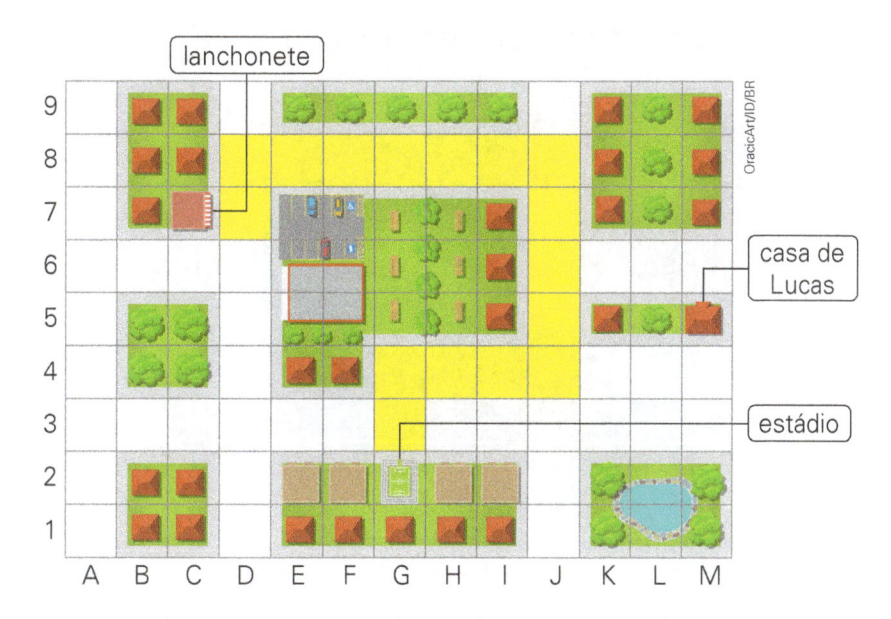

a) Descreva o caminho que Lucas fez, indicando com uma letra e um número todos os quadrinhos da malha por onde ele passou, seguindo a ordem percorrida.

_____

b) Em qual quadrinho está localizada a casa de Lucas?

_____

c) Pinte de laranja um caminho que Lucas pode ter feito para voltar para casa após sair da lanchonete.

d) Descreva o caminho que você pintou de laranja.

_____

_____

_____

_____

e) A rua da casa de Lucas é paralela ou perpendicular à rua do estádio?

_____

f) A rua do estádio é paralela ou perpendicular à rua da lanchonete?

_____

PROBLEMAS

1. Observe como ficou a caixa que Cris desmontou.

Rafa Rodriz/ID/BR

A caixa, quando montada, se parece com qual figura geométrica não plana?

_____

2. Laís vai construir um modelo de prisma de base pentagonal. Observe a planificação que ela desenhou.

ID/BR

Quando o modelo estiver montado:

a) quantas faces ele terá? _____

b) quantas arestas ele terá? _____

3. Uma pirâmide de base octogonal tem:

a) quantas faces? _____

b) quantos vértices? _____

c) quantas arestas? _____

4. Janaína comprou alguns quadros para decorar a casa dela. Observe cada um dos desenhos e escreva se ele apresenta simetria ou não.

a)

Coleção particular, Rússia. Fotografia: Bridgeman Images/Easypix Brasil

_____

c)

Gurgen Bakhshetyan/Shutterstock.com/ID/BR

_____

b)

Museu de Arte da Filadélfia, Estados Unidos. Fotografia: Bridgeman Images/Easypix Brasil

_____

d)

Coleção particular, Espanha. Fotografia: Bridgeman Images/Easypix Brasil

_____

5. Leandro estava brincando de dar giros. Ele traçou uma circunferência no chão e a dividiu em 4 partes iguais. Depois, ele posicionou alguns brinquedos e ficou de pé no centro dessa circunferência.

Em determinado momento, Leandro estava de frente para o carrinho e deu um giro em torno de si, ficando de frente para o urso.

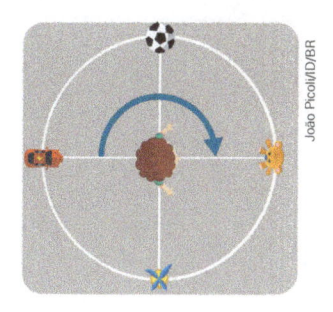

João Picoli/ID/BR

Qual giro corresponde a essa situação?

_____

EXPLORE MAIS

1. Qual das planificações representadas a seguir corresponde à da superfície de uma pirâmide de base quadrada?

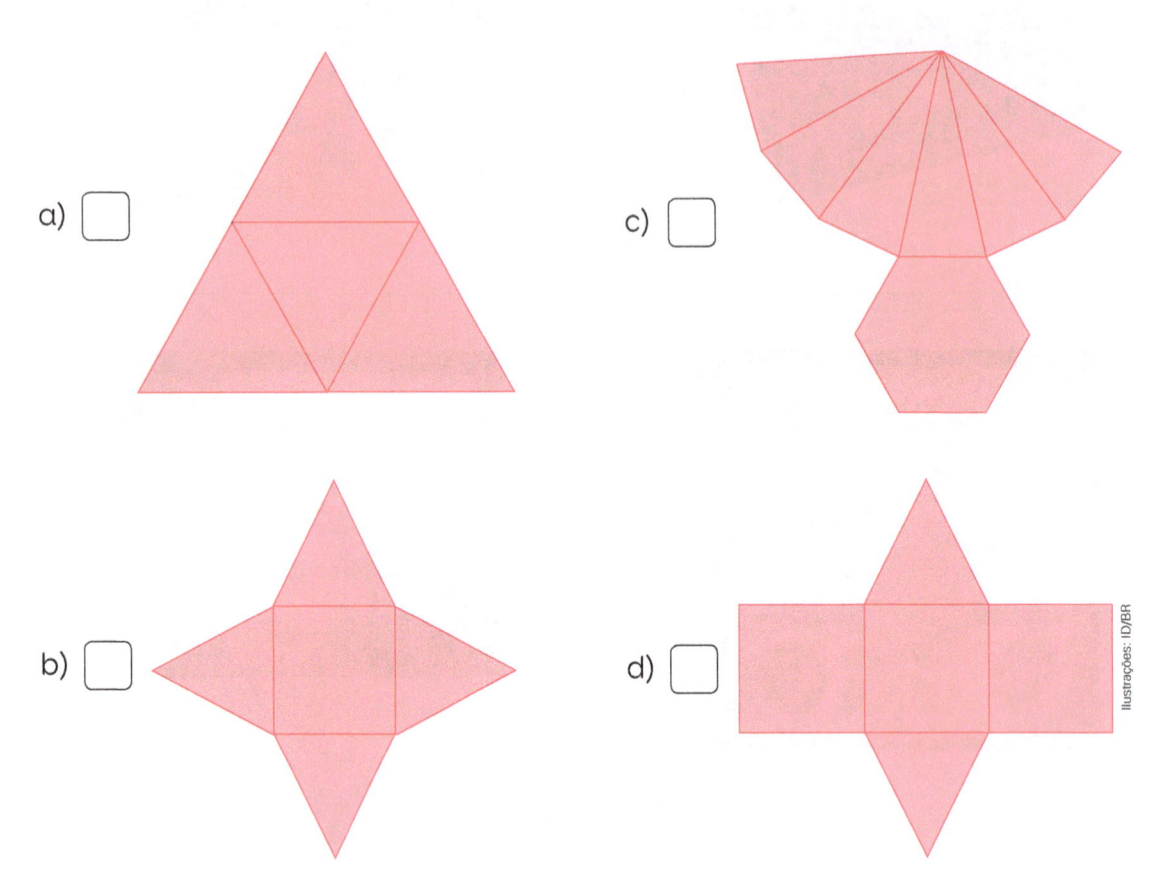

a) ☐

b) ☐

c) ☐

d) ☐

Ilustrações: ID/BR

2. Qual das figuras não planas representadas a seguir não tem vértice?

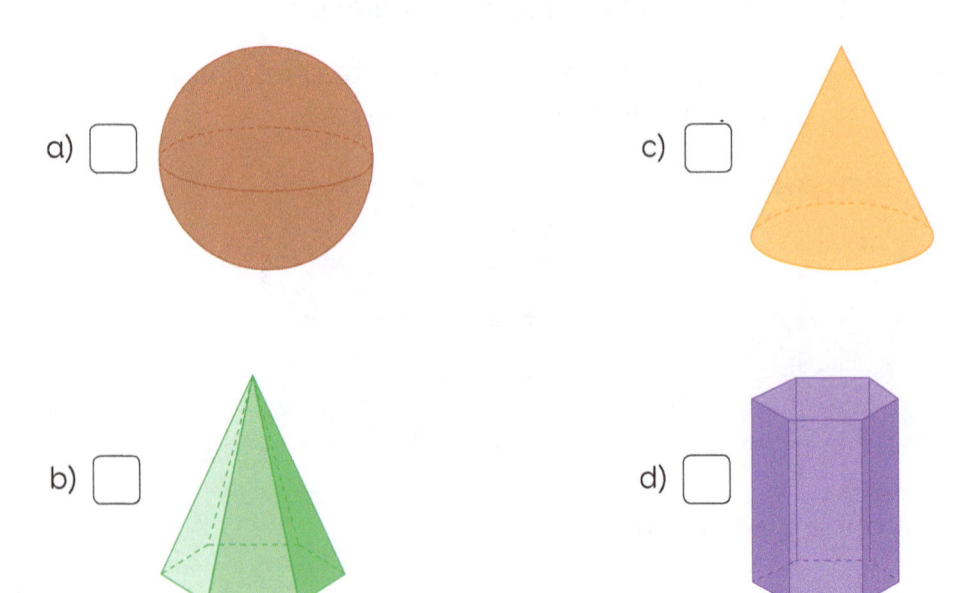

a) ☐

b) ☐

c) ☐

d) ☐

3. Márcio marcou dois pontos distintos, A e B, em uma folha de papel e decidiu traçar retas passando por eles. Quantas retas Márcio conseguiu traçar passando pelos dois pontos ao mesmo tempo?

a) ☐ Apenas uma.

c) ☐ Três.

b) ☐ Duas.

d) ☐ Infinitas.

4. Sara vai representar um cubo na malha pontilhada. Observe o desenho que ela começou a fazer.

Ilustrações: ID/BR

Para finalizar a representação do cubo, faltam traçar quantas faces?

a) ☐ 6 faces.

c) ☐ 3 faces.

b) ☐ 4 faces.

d) ☐ 2 faces.

5. Veja o quadrado representado a seguir.

Quantos eixos de simetria ele tem?

a) ☐ 1 eixo.

c) ☐ 3 eixos.

b) ☐ 2 eixos.

d) ☐ 4 eixos.

6. Quantas das letras abaixo apresentam apenas um eixo de simetria?

M A B J D R F H

a) ☐ Duas letras.

c) ☐ Quatro letras.

b) ☐ Três letras.

d) ☐ Cinco letras.

MULTIPLICAÇÃO

Ideias da multiplicação

1. Associe a adição à multiplicação correspondente e, depois, a seu resultado.

25 + 25 + 25	4 × 3	20
3 + 3 + 3 + 3	3 × 15	75
9 + 9 + 9 + 9 + 9 + 9	4 × 5	54
5 + 5 + 5 + 5	6 × 9	45
8 + 8 + 8 + 8 + 8	3 × 25	40
15 + 15 + 15	5 × 8	12

2. Represente as multiplicações de acordo com o exemplo a seguir.

$4 \times 3 = 12$ ou $3 \times 4 = 12$

a) $5 \times 4 = 20$ ou
   $4 \times 5 = 20$

b) $3 \times 6 = 18$ ou
   $6 \times 3 = 18$

c) $4 \times 7 = 28$ ou
   $7 \times 4 = 28$

3. Observe a ilustração e, depois, complete o quadro.

2 bombons por 3 reais

Quantidade de bombons	2	4	6	8
Preço em real				

4. Leia o problema a seguir e, depois, faça o que se pede.

Se Fabiana toma 5 copos de água por dia, quantos copos de água ela vai tomar em 15 dias?

a) Faça um desenho para representar a solução do problema.

b) Represente a solução do problema com uma multiplicação.

_____

c) Agora, complete: Em 15 dias, Fabiana vai tomar _____ copos de água.

5. Com base na ilustração ao lado, elabore um problema que possa ser resolvido com uma multiplicação.

_____

_____

_____

_____

Contém 100 pirulitos

Possibilidades

6. Paulo tem camisetas de quatro cores e bermudas de três cores. Complete o quadro a seguir pintando todas as combinações possíveis que Paulo pode fazer com as peças que tem.

Giz de Cera/Léo Fanelli/ID/BR

Agora, responda às questões a seguir.

a) De quantas maneiras diferentes Paulo pode se vestir?

_____

b) Qual multiplicação pode representar a quantidade de maneiras diferentes que Paulo pode usar para se vestir?

_____

7. Em sua sorveteria, Luana oferece três tipos de recipiente (cestinha, casquinha e copinho) e cinco sabores de sorvete de massa (morango, chocolate, flocos, maracujá e pistache).

a) Considerando que em todas as opções só é possível colocar uma bola de sorvete, ligue cada recipiente aos sabores de sorvete mostrando todas as combinações possíveis.

Tipos de recipiente

Sabores

Ilustrações: Giz de Cera/Léo Fanelli/ID/BR

b) Quantas são as combinações possíveis?

_____

c) Escreva uma multiplicação que represente o total de combinações possíveis, usando um recipiente e uma bola de sorvete.

_____

d) Se acrescentarmos mais um sabor, quantas serão as combinações possíveis? Escreva uma multiplicação que represente essa situação.

_____

Diferentes maneiras de multiplicar

8. Complete os espaços a seguir com o resultado da multiplicação ou nomeando os termos que faltam.

a)
```
      6  ← fator
  ×   9  ← fator
  ____
  ____  ← _____
```

b)
```
     10  ← _____
  ×   7  ← _____
  ____
  ____  ← _____
```

9. Calcule o produto das multiplicações a seguir fazendo a decomposição dos fatores em suas ordens.

a) 973 × 5 = _____

c) 7 251 × 6 = _____

b) 275 × 8 = _____

d) 3 459 × 7 = _____

10. Calcule o produto das multiplicações utilizando o algoritmo usual.

a) 723 × 5 = _____

UM	C	D	U
	____	____	____
×			____
____	____	____	____

b) 4 572 × 9 = _____

DM	UM	C	D	U
	____	____	____	____
×				____
____	____	____	____	____

11. Observe como Marcelo calculou o resultado de 60 × 20.

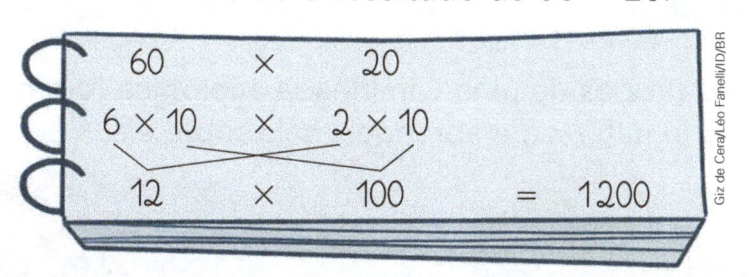

Agora, faça como Marcelo e calcule as multiplicações a seguir.

a) 30 × 70 = 2100

b) 50 × 400 = _____

12. Veja como Fabiana calculou o resultado de 15 × 13.

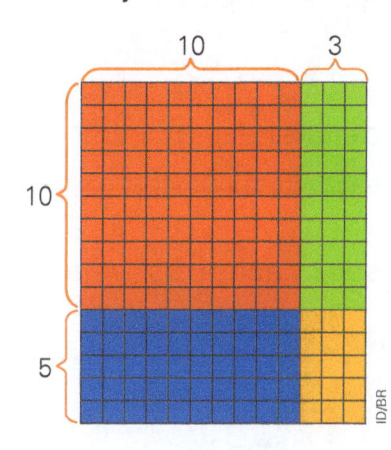

$$15 \times 13 = 10 \times 10 + 10 \times 3 + 5 \times 10 + 5 \times 3 =$$

$$= 100 + 30 + 50 + 15 = 195$$

Agora, faça como Fabiana e calcule 14 × 13.

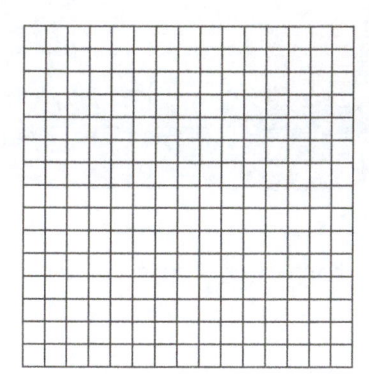

PROBLEMAS

1. Veja como os grupos de uma caminhada ecológica foram organizados para observar a natureza e aprender mais sobre ela.

Ilustrações: Rafa Rodriz/ID/BR

a) Escreva uma multiplicação que represente o total de adultos da cena.

_____

b) Escreva uma multiplicação que represente o total de crianças da cena.

_____

2. Joana costuma dar 2 petiscos por dia a cada um de seus cachorros. Veja os cachorros dela.

a) Quantos petiscos ela terá dado aos cachorros após 10 dias?

_____

b) E após 20 dias?

_____

3. Observe a igualdade a seguir.

$$100 \times 3 + 20 = 5 \times \blacklozenge + 20$$

Para que a igualdade seja verdadeira, que número deve ser colocado no lugar da figura ♦ ?

_____

4. Maria trabalha no controle de estoque de um supermercado. Nesse estoque, as embalagens com latas de suco são empilhadas em 15 fileiras com 10 embalagens em cada uma. Sabendo que cada embalagem contém 10 latas de suco, no máximo, quantas latas de suco podem ser armazenadas no estoque?

_____

5. Veja a estratégia que Jonas usou para calcular o resultado de 15 × 17.

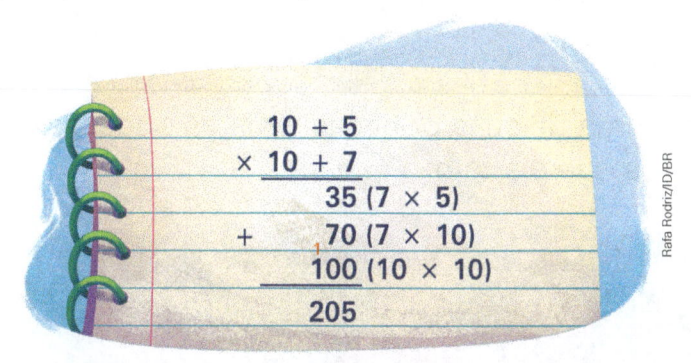

a) Qual foi o erro de Jonas nessa estratégia?

_____

b) Calcule o resultado de 12 × 13 pela estratégia de Jonas.

Então, 12 × 13 = _____.

EXPLORE MAIS

1. Observe como as coleiras estão organizadas.

Marque com um **X** a operação que não representa o total de coleiras.

a) ☐ 2 × 3 = 6

b) ☐ 3 × 2 = 6

c) ☐ 2 + 2 + 2 = 6

d) ☐ 2 + 3 = 6

2. Laura vai vestir uma de suas bonecas. Veja as opções de vestidos e de pares de sapatos que ela tem.

De quantas maneiras diferentes Laura pode vestir a boneca com um tipo de vestido e um tipo de par de sapatos?

a) ☐ De 32 maneiras diferentes.

b) ☐ De 30 maneiras diferentes.

c) ☐ De 24 maneiras diferentes.

d) ☐ De 12 maneiras diferentes.

3. A coleção de adesivos de Denise tem 4 pastas. Cada pasta tem 10 páginas, e em cada página há 8 adesivos. Joana tem 8 pastas também com 10 páginas, mas em cada página há apenas 4 adesivos. Qual das meninas tem mais adesivos?

Marque com um **X** o diálogo que representa corretamente a resposta do problema.

a)

Você está certa.

Eu tenho mais adesivos, pois tenho 8 pastas e você só tem 4!

Joana   Denise

b)

Sim, pois tenho 8 adesivos em cada página e você só tem 4!

Você tem mais adesivos do que eu?

Joana   Denise

c)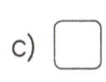

Para calcular os meus adesivos, fiz 4 × 10 × 8 e também deu 320. Então, temos a mesma quantidade de adesivos.

Para contar meus adesivos, eu calculei 8 × 10 × 4 e deu 320.

Joana   Denise

d)

Eu calculei diferente, mas cheguei ao mesmo resultado. Fiz 8 × 4 e também deu 32.

Nós temos a mesma quantidade de adesivos! Fiz o cálculo de 8 pastas vezes 4 adesivos por página e deu 32!

Joana   Denise

DIVISÃO

Ideias da divisão

1. Organize as 30 bolas de gude em 5 grupos com quantidades iguais. Para isso, faça contornos.

a) Com quantas bolas de gude cada grupo ficou?

b) Agora, desenhe igualmente 30 bolas de gude em 3 caixas.

c) Com quantas bolas de gude cada caixa ficou?

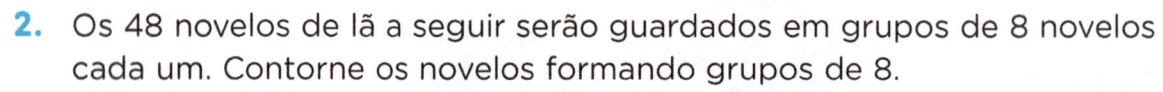

2. Os 48 novelos de lã a seguir serão guardados em grupos de 8 novelos cada um. Contorne os novelos formando grupos de 8.

a) Quantos grupos foram formados? _____

b) Agora, complete a divisão: 48 ÷ 8 = _____

Diferentes maneiras de dividir

3. Efetue as divisões a seguir da maneira que preferir.

a) $15 \div 3 =$ _____

c) $75 \div 5 =$ _____

b) $96 \div 6 =$ _____

d) $918 \div 6 =$ _____

4. Faça os cálculos mentalmente e complete as lacunas a seguir com números.

a) 56 dividido por 8 é igual a _____, porque _____ vezes 8 é igual a 56.

b) 36 dividido por 6 é igual a _____, porque 6 vezes _____ é igual a 36.

c) 35 dividido por 4 é igual a _____ e deixa resto igual a _____.

d) 46 dividido por 5 é igual a _____ e deixa resto igual a _____.

e) _____ dividido por 9 é igual a 3 e deixa resto igual a _____.

f) 64 dividido por _____ é igual a _____ e deixa resto igual a 0.

g) _____ dividido por 7 é igual a 4 e deixa resto igual a _____.

• Agora, escreva as divisões acima que têm resto diferente de zero.

_____

_____

_____

5. Calcule o quociente e o resto das divisões a seguir utilizando o algoritmo usual da divisão.

a) $81 \div 3$

$$
\begin{array}{c|l}
8 \quad 1 & 3 \\
\hline
\end{array}
$$

Quociente: _____ Resto: _____

b) $125 \div 5$

$$
\begin{array}{c|l}
1 \quad 2 \quad 5 & 5 \\
\hline
\end{array}
$$

Quociente: _____ Resto: _____

c) $321 \div 6$

$$
\begin{array}{c|l}
3 \quad 2 \quad 1 & 6 \\
\hline
\end{array}
$$

Quociente: _____ Resto: _____

d) $128 \div 2$

$$
\begin{array}{c|l}
1 \quad 2 \quad 8 & 2 \\
\hline
\end{array}
$$

Quociente: _____ Resto: _____

e) $186 \div 9$

$$
\begin{array}{c|l}
1 \quad 8 \quad 6 & 9 \\
\hline
\end{array}
$$

Quociente: _____ Resto: _____

f) $436 \div 7$

$$
\begin{array}{c|l}
4 \quad 3 \quad 6 & 7 \\
\hline
\end{array}
$$

Quociente: _____ Resto: _____

Multiplicação e divisão: operações inversas

6. Observe no primeiro quadro como Antonieta fez para verificar se ela efetuou corretamente as divisões 125 ÷ 5, que é exata, ou seja, tem resto igual a zero. Em seguida, acompanhe a divisão 127 ÷ 5, que é uma divisão não exata, ou seja, tem resto diferente de zero.

Divisão exata	Verificação
$\begin{array}{rr|l} 1\ 2\ 5 & 5 \\ -\ 1\ 0 & 2\ 5 \\ \hline 0\ 2\ 5 \\ -\ 2\ 5 \\ \hline 0\ 0 \end{array}$	$\begin{array}{r} \overset{2}{2}\ 5 \\ \times\quad 5 \\ \hline 1\ 2\ 5 \end{array}$

Divisão não exata	Verificação
$\begin{array}{rr|l} 1\ 2\ 7 & 5 \\ -\ 1\ 0 & 2\ 5 \\ \hline 0\ 2\ 7 \\ -\ 2\ 5 \\ \hline 2 \end{array}$	$\begin{array}{r} \overset{2}{2}\ 5 \\ \times\quad 5 \\ \hline 1\ 2\ 5 \\ 1\ 2\ 5 \\ +\quad 2 \\ \hline 1\ 2\ 7 \end{array}$

Agora, faça como Antonieta. Efetue as divisões a seguir com o algoritmo usual e, depois, faça a verificação.

a) 729 ÷ 3

b) 923 ÷ 8

PROBLEMAS

1. Escreva duas multiplicações e duas divisões usando somente os números indicados em cada item.

a) 7, 8 e 56

_____

_____

_____

_____

c) 4, 8 e 32

_____

_____

_____

_____

b) 6, 9 e 54

_____

_____

_____

_____

d) 5, 12 e 60

_____

_____

_____

_____

2. Complete com o número que torna as igualdades verdadeiras.

a) _____ $\div$ 8 = 64

64 $\times$ 8 = _____

c) _____ $\div$ 4 = 75

75 $\times$ 4 = _____

e) _____ $\times$ 7 = 196

196 $\div$ 7 = _____

b) _____ $\div$ 6 = 51

51 $\times$ 6 = _____

d) 19 $\times$ 5 = 95

95 $\div$ 5 = _____

f) 95 $\times$ _____ = 285

285 $\div$ _____ = 95

3. Descubra o número em que cada criança pensou e, depois, registre esse número nos quadrinhos.

a)

Pensei em um número, multipliquei esse número por 7 e o resultado foi 630. Em que número pensei?

b)

Eu pensei em um número, dividi esse número por 30 e o resultado foi 8. Em que número pensei?

Ilustrações: Rafa Rodriz/ID/BR

4. Gustavo tinha mais de 50 maçãs e menos de 80 maçãs. Ele embalou algumas maçãs de 5 em 5 e sobraram 2 maçãs.

a) No mínimo, quantas embalagens Gustavo utilizou? E quantas embalagens, no máximo, ele pode ter utilizado?

No mínimo: _____. No máximo: _____.

b) Leia o que Helena está dizendo a Pablo.

> Para saber quantas maçãs Gustavo poderia ter, precisamos encontrar todos os números entre 50 e 80 que, divididos por 5, têm resto 2. Uma maneira de fazer isso é multiplicar cada número que está entre 10 e 15 por 5 e acrescentar 2 unidades ao resultado.

- Você concorda com Helena?

_____

c) Complete o quadro a seguir para descobrir as possíveis quantidades de maçãs que Gustavo tinha.

Quantidade de embalagens	Quantidade de maçãs em cada embalagem	Total de maçãs de Gustavo
	5	
	5	
	5	
	5	
	5	
	5	

d) Se os números que representam o total de maçãs que Gustavo poderia ter forem colocados em ordem crescente, é possível escrever uma sequência. Qual é a regra de formação dessa sequência?

_____

_____

EXPLORE MAIS

1. Observe como Alessandra começou a calcular a divisão 132 ÷ 6 fazendo estimativas. O que Alessandra deve fazer agora para saber o quociente dessa divisão?

a) ☐ Deve subtrair 12 de 12, obtendo zero como quociente.

b) ☐ Nada, pois o quociente é 10.

c) ☐ Deve dividir 12 por 6 novamente e, então, adicionar 10, 10, 2 e 2, obtendo 24 como quociente.

d) ☐ Deve adicionar as parcelas 10, 10 e 2, obtendo 22 como quociente.

2. Leia o problema a seguir.

> Em uma excursão para um museu, há 60 pessoas. Para visitar o museu, é preciso formar grupos com a mesma quantidade de pessoas. Quantos grupos vão ser formados?

Qual informação está faltando no problema para que seja possível encontrar a resposta?

a) ☐ O nome do museu.

b) ☐ O total de pessoas.

c) ☐ A quantidade de grupos.

d) ☐ A quantidade de pessoas em cada grupo.

3. Para que a divisão ao lado seja exata, qual deve ser o divisor?

a) ☐ 3

b) ☐ 4

c) ☐ 12

d) ☐ 36

4. Lorenzo precisa completar o quadro abaixo, que relaciona a quantidade de aranhas e o total de pernas, para um trabalho de Ciências.

Quantidade de aranhas	Total de pernas
1	8
▲	24
4	32
6	♥

FIQUE ATENTO!
Algumas aranhas podem ser venenosas. Ao deparar com uma, não encoste nela e avise imediatamente a um adulto.

Quais operações ele precisa fazer para descobrir os números que substituem corretamente as figuras ▲ e ♥?

a) ☐ ▲: $6 \times 8 = 48$
   ♥: $24 \div 8 = 3$

b) ☐ ▲: $24 \div 8 = 3$
   ♥: $32 \div 8 = 4$

c) ☐ ▲: $24 \div 8 = 3$
   ♥: $6 \times 8 = 48$

d) ☐ ▲: $24 - 8 = 16$
   ♥: $8 + 6 = 14$

5. Qual é o grupo de números que, divididos por 2, sempre terão resto 1?

a) ☐ 3, 5, 7, 9 e 11

b) ☐ 2, 4, 6, 8 e 10

c) ☐ 2, 3, 4, 5 e 6

d) ☐ 3, 6, 9, 12 e 16

6. Bia quer distribuir 16 figurinhas igualmente entre 6 primas. Se sobrarem figurinhas, ela os dará a seu irmão. O irmão de Bia vai ganhar figurinhas? Se sim, quantas figurinhas?

a) ☐ O irmão de Bia não vai ganhar figurinhas.

b) ☐ O irmão de Bia vai ganhar 2 figurinhas.

c) ☐ O irmão de Bia vai ganhar 4 figurinhas.

d) ☐ O irmão de Bia vai ganhar 12 figurinhas.

Medidas de comprimento

1. Complete as igualdades.

a) 18 km = _____ m

b) 100 m = _____ cm

c) 1000 cm = _____ m

d) 1000 mm = _____ cm

e) 100 cm = _____ mm

f) 40 cm = _____ mm

g) 62 000 m = _____ km

h) 15 000 mm = _____ cm

i) 2 cm = _____ mm

j) 920 m = _____ cm

k) 1 000 000 mm = _____ km

l) 1 000 000 mm = _____ m

2. Estime o comprimento, em centímetro, de cada figura a seguir e registre sua estimativa no quadro. Depois, com uma régua, meça o comprimento de cada figura e escreva as medidas no quadro.

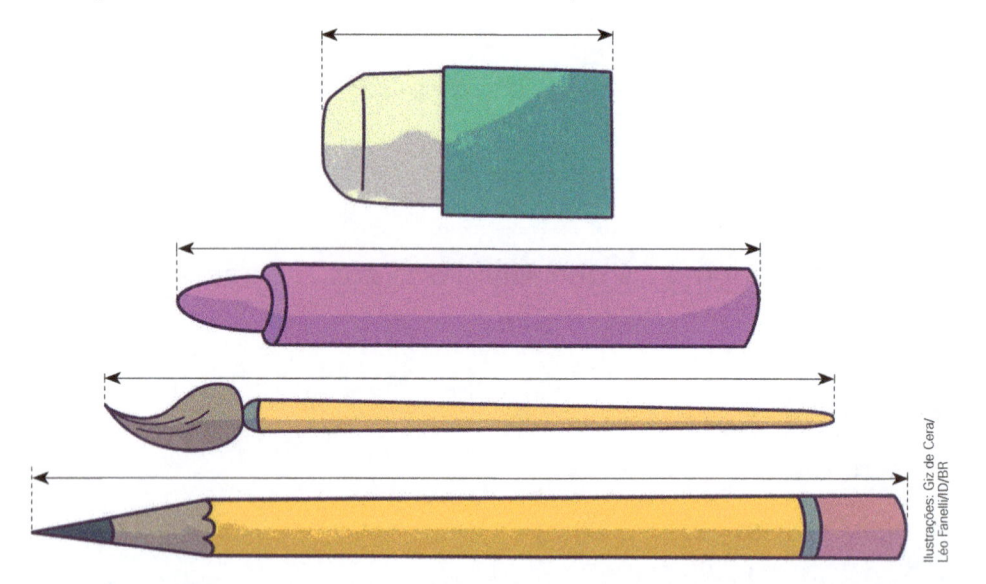

Ilustrações: Giz de Cera/ Léo Fanelli/ID/BR

Figura	Estimativa	Medida obtida com a régua
Borracha		
Giz de cera		
Pincel		
Lápis		

3. O comprimento do contorno de um polígono é chamado **perímetro**. Calcule o perímetro dos polígonos representados a seguir.

a)

3 m

5 m   5 m

9 m

Perímetro: _____ m

b)

5 cm

5 cm   5 cm

5 cm

Ilustrações: ID/BR

Perímetro: _____ cm

4. Com uma régua, meça os lados das figuras e calcule o perímetro de cada uma delas.

a)

Perímetro: _____ cm

b)

Ilustrações: OracicArt/ID/BR

Perímetro: _____ cm

Medidas de superfície

5. Um mosaico será revestido com 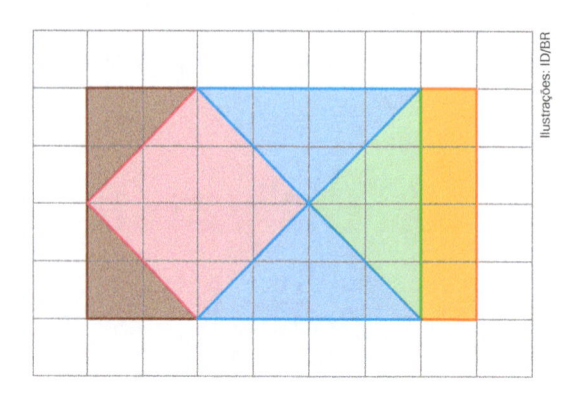 coloridos. Observe o esquema da montagem desse mosaico.

Ilustrações: ID/BR

a) Quantos 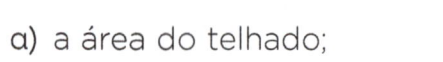 serão usados para revestir cada uma das partes coloridas desse mosaico?

△: _____   △: _____   △: _____   △: _____   △: _____

b) Serão usadas mais peças azuis ou peças verdes?

_____

c) Qual parte tem maior área:

• a rosa ou a marrom? _____

• a laranja ou a verde? _____

6. Observe a figura ao lado e, considerando o quadradinho da malha quadriculada como unidade de medida de área, determine:

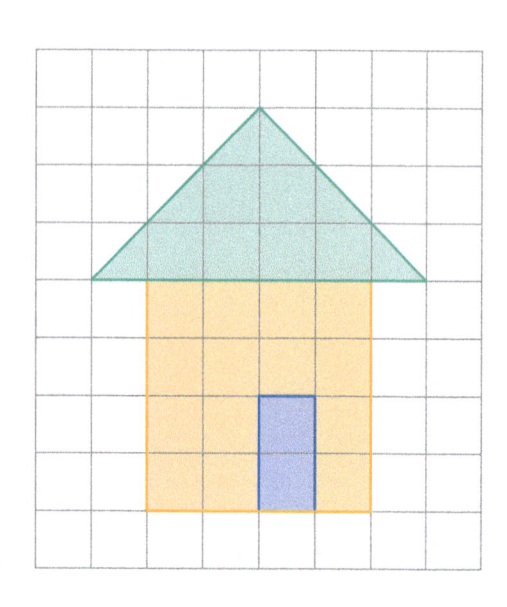

a) a área do telhado;

_____

b) a área da porta;

_____

c) a área da casa toda.

_____

Medidas de massa

7. Observe as imagens a seguir.

Imagens sem proporção de tamanho entre si.

Elefante.

Televisor.

Cachorro.

Ônibus.

Bola de basquete.

Borboleta.

Onça-pintada.

Hipopótamo.

a) Quais dessas fotografias apresentam objetos ou animais com massa maior que meia tonelada, ou seja, mais de 500 kg?

_____

b) Que fotografia apresenta o objeto ou animal mais leve?

_____

8. Associe os quadros que apresentam medidas de massa equivalentes.

1000 kg	500 g
2 t	5 g
meio quilograma	1 t
5000 mg	2000 kg

Medidas de capacidade

9. Observe cada medida indicada na embalagem dos produtos a seguir.

Agora, complete as afirmações a seguir.

a) As embalagens que têm capacidade maior que ou igual a meio litro são

as de _____ e de _____.

b) As embalagens que têm capacidade menor que 100 mL são as de

_____ e de _____.

c) Juntas, as embalagens de _____, de _____,

de _____, de _____ e de _____
têm exatamente a capacidade de 1 litro.

d) As embalagens que têm capacidade entre 100 mL e 500 mL são as de

_____, de _____ e de _____.

e) A embalagem de óleo tem _____ mililitros a mais que a
embalagem de xampu.

10. Relacione os quadros que apresentam medidas equivalentes.

15 000 mL	10 L e 500 mL	1000 mL	5 000 mL

5 L	15 L	10 500 mL	1 L

Medidas de temperatura

11. O grau Celsius (°C) é a unidade de temperatura que, em geral, usamos no Brasil. Observe as informações sobre a previsão do tempo e as temperaturas máxima e mínima na cidade de Florianópolis (SC) durante três dias do mês de abril de 2022.

Sábado 16/4/2022 — 24 °C / 13 °C

Domingo 17/4/2022 — 22 °C / 12 °C

Segunda-feira 18/4/2022 — 23 °C / 14 °C

Fonte de pesquisa: Instituto Nacional de Meteorologia (Inmet). Disponível em: https://previsao.inmet.gov.br/. Acesso em: 15 abr. 2022.

a) Em qual desses dias a temperatura mínima foi maior? E em qual dia a temperatura máxima foi menor?

_____

_____

b) Qual é a diferença entre as temperaturas máxima e mínima em cada um desses dias?

- Sábado: _____

- Domingo: _____

- Segunda-feira: _____

c) Agora, complete a tabela a seguir com as datas e a variação da temperatura nesses três dias.

Variação da temperatura, de 16 a 18 de abril de 2022, em Florianópolis (SC)	
Dia	Variação da temperatura (°C)
16/4/2022	

Fonte de pesquisa: Instituto Nacional de Meteorologia (Inmet). Disponível em: https://previsao.inmet.gov.br/. Acesso em: 15 abr. 2022.

Medidas de tempo

12. Observe os relógios a seguir e ligue os que marcam o mesmo horário.

| 9:45 | 1:30 | 7:15 |

13. Desenhe os ponteiros nos relógios para marcar os horários indicados.

8 horas 10 minutos e 20 segundos

2 horas 30 minutos e 40 segundos

10 horas 45 minutos e 5 segundos

14. Classifique as afirmações a seguir em verdadeiras (**V**) ou falsas (**F**).

☐ 1 hora equivale a 60 minutos.

☐ Se um relógio está marcando 21:45, faltam 15 minutos para as 22 horas.

☐ 180 minutos equivalem a 2 horas.

☐ 15:25 é comumente indicado por 3 horas e 25 minutos da tarde.

☐ Meia hora equivale a 30 minutos.

☐ Quando o relógio marca 19:10, faltam 10 minutos para as 20 horas.

☐ 30 segundos equivalem a meio minuto.

O dinheiro brasileiro

Imagens sem proporção de tamanho entre si.

15. Contorne as cédulas e as moedas que podem ser usadas para pagar pelo caderno sem receber troco.

9 reais

16. Luana tem uma cédula de 200 reais para comprar algumas frutas. Ela vai comprar 2 caixas de uvas, 3 caixas de morangos, 2 sacos de laranjas e 1 melancia. Ao chegar ao hortifrúti, ela viu o quadro de preços a seguir.

Item	Preço
Caixa de uva	27 reais
Caixa de morango	18 reais
Saco de laranja	12 reais
Melancia	20 reais

a) Quantos reais Luana vai pagar por essa compra?

_____

b) Quantos reais Luana vai receber de troco?

_____

PROBLEMAS

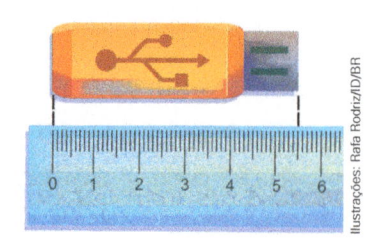

1. Sofia mediu o comprimento de um *pen drive* usando uma régua. Observe ao lado.

   Qual é o comprimento do *pen drive*, em milímetro?

   _____

2. Veja a planta do quarto de Augusto.

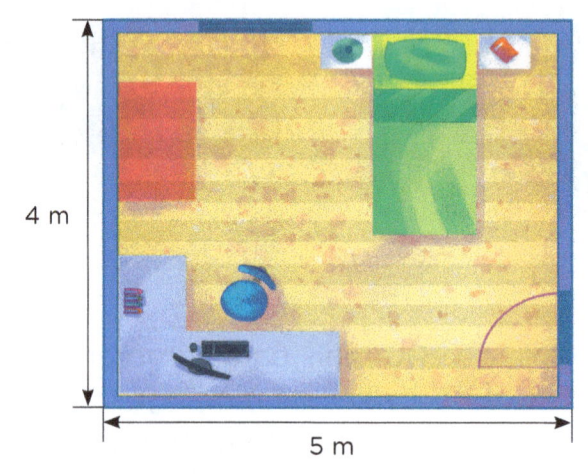

4 m

5 m

   • Qual é o perímetro do quarto de Augusto? Registre duas maneiras de fazer o cálculo desse perímetro.

   _____

3. Veja as medidas indicadas nestas etiquetas.

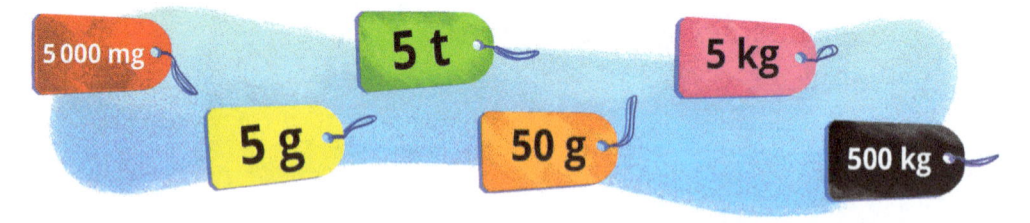

5 000 mg   5 t   5 kg   5 g   50 g   500 kg

   a) Que cores de etiqueta indicam a mesma massa?

   _____

   b) Que cor tem a etiqueta que corresponde a uma massa de meia tonelada?

   _____

   c) A etiqueta laranja indica uma massa equivalente a quantos miligramas?

   _____

4. Camila e Beatriz fazem natação em horários diferentes. Cada aula tem duração de 45 minutos. Leia o que cada menina diz.

> Minha aula começa às 18 horas.

Ilustrações: Rafa Rodriz/ID/BR

Camila   Beatriz

> Eu faço natação depois da Camila. Entre o término da aula dela e o início da minha aula, há um intervalo de 45 minutos.

A que horas começa a aula de natação de Beatriz?

_____

5. Observe os cartazes na feira com os preços de alguns produtos.

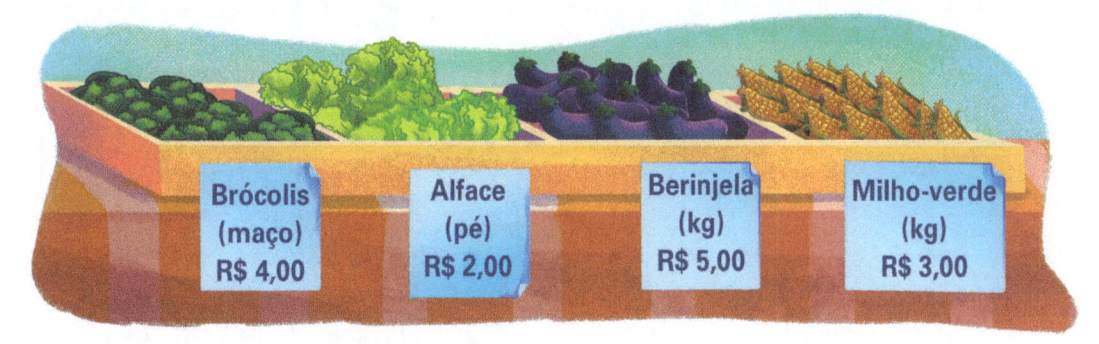

Brócolis (maço) R$ 4,00   Alface (pé) R$ 2,00   Berinjela (kg) R$ 5,00   Milho-verde (kg) R$ 3,00

Leandro comprou 1 maço de brócolis, 1 pé de alface e 2 kg de milho-verde e deu ao feirante uma cédula de 20 reais para pagar a compra.

a) Quanto Leandro recebeu de troco?

_____

b) Com esse troco que produtos dessa banca Leandro ainda pode comprar? Escreva a seguir todas as possibilidades.

_____

_____

_____

_____

EXPLORE MAIS

1. Felipe comprou duas pranchas de surfe para praticar diferentes modalidades. Uma das pranchas mede 200 cm de comprimento, e a outra mede um metro e meio de comprimento. Quantos centímetros de comprimento uma prancha tem a menos que a outra?

a) ☐ 50 centímetros.

b) ☐ 100 centímetros.

c) ☐ 250 centímetros.

d) ☐ 350 centímetros.

2. Veja o mapa abaixo.

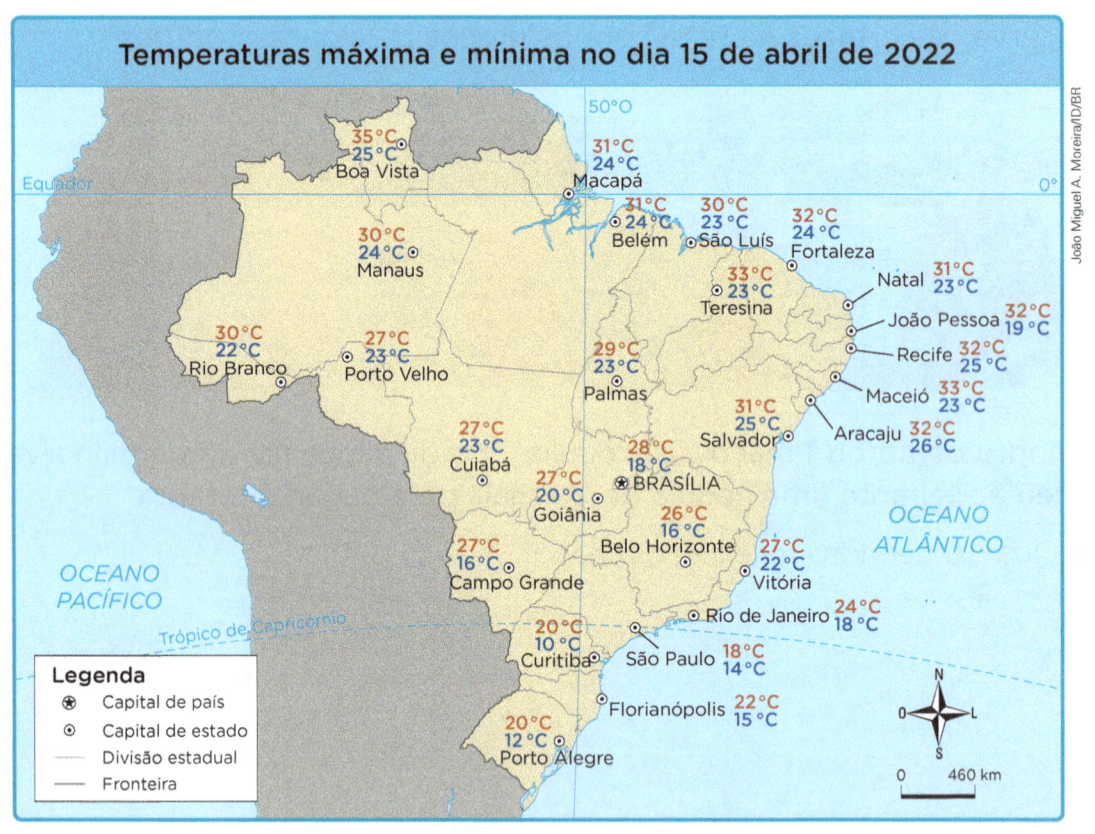

Fonte de pesquisa: Dados coletados no *site* do Instituto Nacional de Meteorologia (Inmet). Disponível em: https://previsao.inmet.gov.br/. Acesso em: 15 abr. 2022.

Nesse dia, em qual capital a variação de temperatura foi a menor?

a) ☐ Curitiba.

b) ☐ Vitória.

c) ☐ Porto Velho.

d) ☐ João Pessoa.

3. Considerando que a unidade de medida de área é 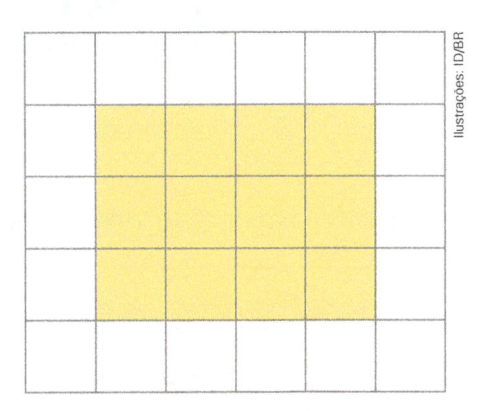, marque com um **X** a alternativa que indica a área da figura a seguir.

a) ☐ 12   b) ☐ 14   c) ☐ 24   d) ☐ 26

4. Marque com um **X** a alternativa que apresenta a estimativa correta.

a) ☐ A caixa-d'água de uma casa tem capacidade para 500 mL.

b) ☐ Uma piscina olímpica tem capacidade para 50 L.

c) ☐ Um pote de iogurte contém 100 mL.

d) ☐ Uma embalagem de xampu contém 1000 L.

5. Leia o problema abaixo.

FORMAS DE PAGAMENTO:
8 × R$ 250,00
6 × R$ 325,00
3 × R$ 620,00
À vista: R$ 1800,00

Marta decidiu comprar um celular mostrado na vitrine. Quanto ela pagou pelo celular?

Há uma informação faltando para que esse problema possa ser resolvido. Que informação é essa?

a) ☐ O preço do celular.   c) ☐ O nome da loja.

b) ☐ O modelo do celular.   d) ☐ A forma de pagamento escolhida por Marta.

FRAÇÕES E NÚMEROS DECIMAIS

Frações

1. O círculo abaixo é o inteiro e foi repartido em 5 partes iguais.

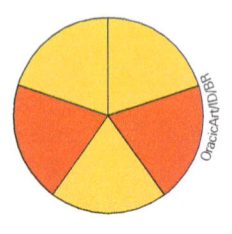

a) Quantas partes do círculo foram pintadas de amarelo?

_____

b) Que fração desse círculo indica a parte pintada de amarelo? Escreva-a por extenso.

_____

2. Escreva a fração correspondente à parte verde de cada figura.

a)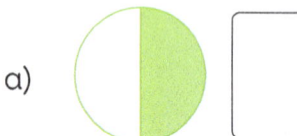

c)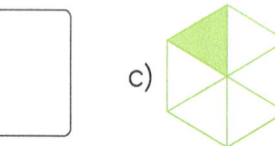

e)

b)

d)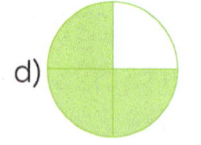

f)

3. Represente cada fração com um desenho.

a) $\dfrac{10}{15}$

b) $\dfrac{6}{6}$

c) $\dfrac{4}{10}$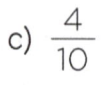

d) $\dfrac{7}{9}$

4. As frações a seguir se referem à parte roxa das figuras. Associe as representações correspondentes.

$\dfrac{7}{12}$

$\dfrac{5}{8}$

$\dfrac{13}{16}$

$\dfrac{1}{4}$

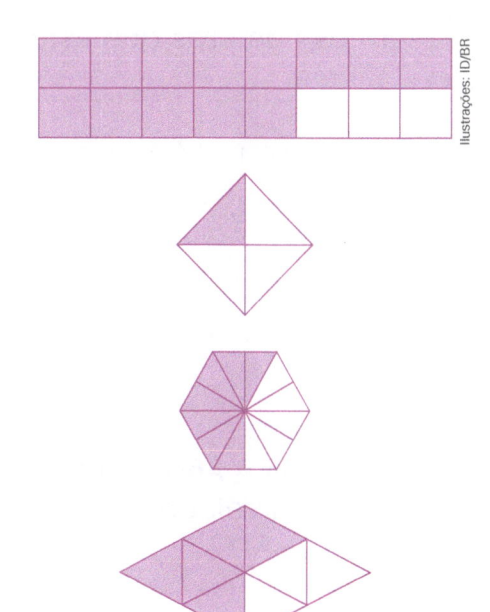

Ilustrações: ID/BR

5. Complete o quadro a seguir com o numerador e o denominador e, depois, escreva como se lê cada uma das frações indicadas.

Fração	Numerador	Denominador	Por extenso
$\dfrac{4}{9}$			_____ _____
$\dfrac{9}{10}$			_____ _____
$\dfrac{15}{100}$			_____ _____
$\dfrac{6}{1000}$			_____ _____
$\dfrac{18}{40}$			_____ _____

Números na forma decimal

6. Pinte os números que estão escritos na forma decimal.

| 283,4 | 283,0 | $\dfrac{80}{35}$ | 96,96 | $\dfrac{51}{2\,000}$ |

| $\dfrac{5}{10}$ | 126,14 | $\dfrac{14}{25}$ | 1235,0 | $\dfrac{36}{10}$ | 1,123 |

7. Represente a parte pintada de rosa em cada figura com um número na forma decimal. Em seguida, escreva esse número por extenso.

a)

_____

_____

b)

_____

_____

c)

Ilustrações: ID/BR

_____

_____

8. Localize os números das fichas a seguir na reta numérica.

| 1,18 | 0,99 | 1,24 | 1,12 | 0,87 | 0,83 |

0,80 0,85 0,90 0,95 1,00 1,05 1,10 1,15 1,20 1,25

Números na forma decimal e o dinheiro

9. Escreva as quantias representadas a seguir com números decimais expressos por algarismos e por extenso.

Imagens sem proporção de tamanho entre si.

a)

_____

b)

_____

c)

_____

d)

_____

e)

_____

f)

_____

PROBLEMAS

1. Felipe e os colegas foram brincar na casa de Pietra. Observe os brinquedos que eles levaram para se divertir.

Qual fração representa a quantidade de aviõezinhos em relação ao total de brinquedos? Escreva-a por extenso.

_____

2. Escreva um número decimal que seja:

a) maior que zero e menor que 1: _____

b) maior que 3 e menor que 4: _____

c) maior que 10,5 e menor que 11: _____

3. Luana foi ao supermercado e comprou 5 kg de arroz por 8 reais e 95 centavos, 1 kg de feijão por 3 reais e 65 centavos e 1 L de óleo por 2 reais e 90 centavos. Quanto Luana gastou nessa compra?

_____

4. Luís e Júlio decidiram juntar o dinheiro que tinham para comprar um jogo de *videogame*. Luís contribuiu com 1 cédula de 5 reais e 6 moedas de 25 centavos. Júlio contribuiu com 2 cédulas de 2 reais, 1 moeda de 1 real e 4 moedas de 50 centavos. Qual dos dois amigos contribuiu com a maior quantia?

_____

5. Observe as quantias que os irmãos Gabriela e Marcos têm.

Cédulas e moedas: Banco Central. Reprodução fotográfica: ID/BR

Gabriela   Marcos

Os irmãos pretendem juntar essas quantias para dar de presente para a mãe um par de brincos que custa R$ 21,00.

a) Eles vão conseguir comprar o presente?

_____

b) Vai faltar ou sobrar dinheiro? Quanto?

_____

EXPLORE MAIS

1. Observe as bolas a seguir.

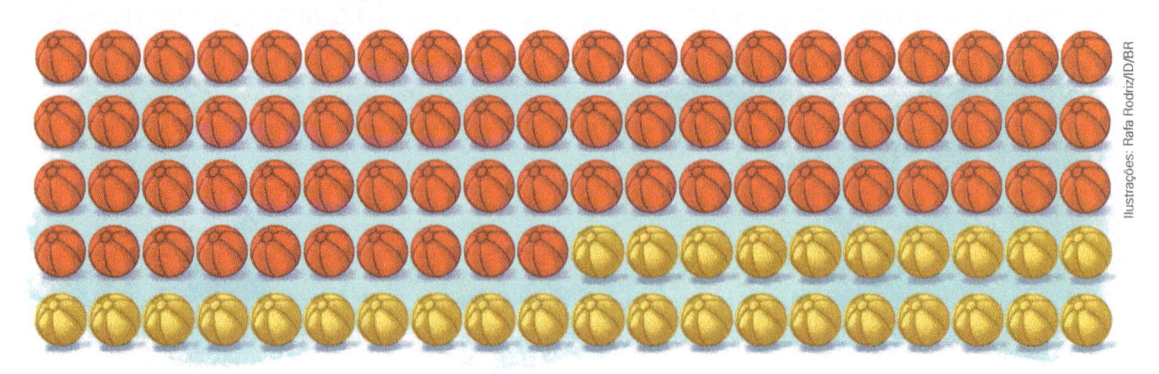

A quantidade de bolas amarelas em relação ao total pode ser representada com que número na forma decimal?

a) ☐ 0,70   b) ☐ 0,30   c) ☐ 0,29   d) ☐ 0,03

2. Em uma jarra, havia certa quantidade de suco. Paula bebeu 0,25 L e sobrou 0,25 L de suco na jarra.

Marque com um **X** a afirmação correta sobre a quantidade de suco que tinha na jarra antes de Paula beber o suco.

a) ☐ Tinha entre meio litro e 1 litro.

b) ☐ Tinha mais de 1 litro.

c) ☐ Tinha exatamente meio litro.

d) ☐ Tinha menos de meio litro.

3. Vanderlei e Ariane estão jogando um dominó diferente. Para encaixar as peças, eles devem fazer a correspondência entre uma fração e o respectivo número na forma decimal.

Para que as peças acima estejam corretamente encaixadas, quais números decimais devem ser colocados no lugar das letras **A**, **B** e **C**, respectivamente?

a) ☐ 3,9; 1,7; 2,1   c) ☐ 0,17; 0,21; 0,39

b) ☐ 0,74; 0,48; 0,81   d) ☐ 0,39; 0,17; 0,21

4. Ricardo vai guardar estas moedas em um cofrinho.

Cédulas e moedas: Banco Central. Reprodução fotográfica: ID/BR

Qual valor Ricardo vai guardar nesse cofrinho?

a) ☐ R$ 0,45

b) ☐ R$ 5,20

c) ☐ R$ 5,35

d) ☐ R$ 5,45

5. Luciana foi ao mercado e comprou um pacote de café como o da imagem a seguir. Observe o valor do produto registrado.

Rafa Rodriz/ID/BR

Quais cédulas e moedas Luciana usou para pagar a compra, considerando que ela não recebeu troco?

Imagens sem proporção de tamanho entre si.

a) ☐

b) ☐

c) ☐

d) ☐

ESTATÍSTICA E PROBABILIDADE

Tabelas e gráficos

1. Fátima é diretora de uma escola e pretende organizar um evento para abordar o tema reeducação alimentar. Para ter mais informações sobre o assunto, ela fez uma pesquisa na escola para saber a quantidade de porções de frutas que cada estudante consome por dia. O gráfico a seguir mostra o resultado dessa pesquisa.

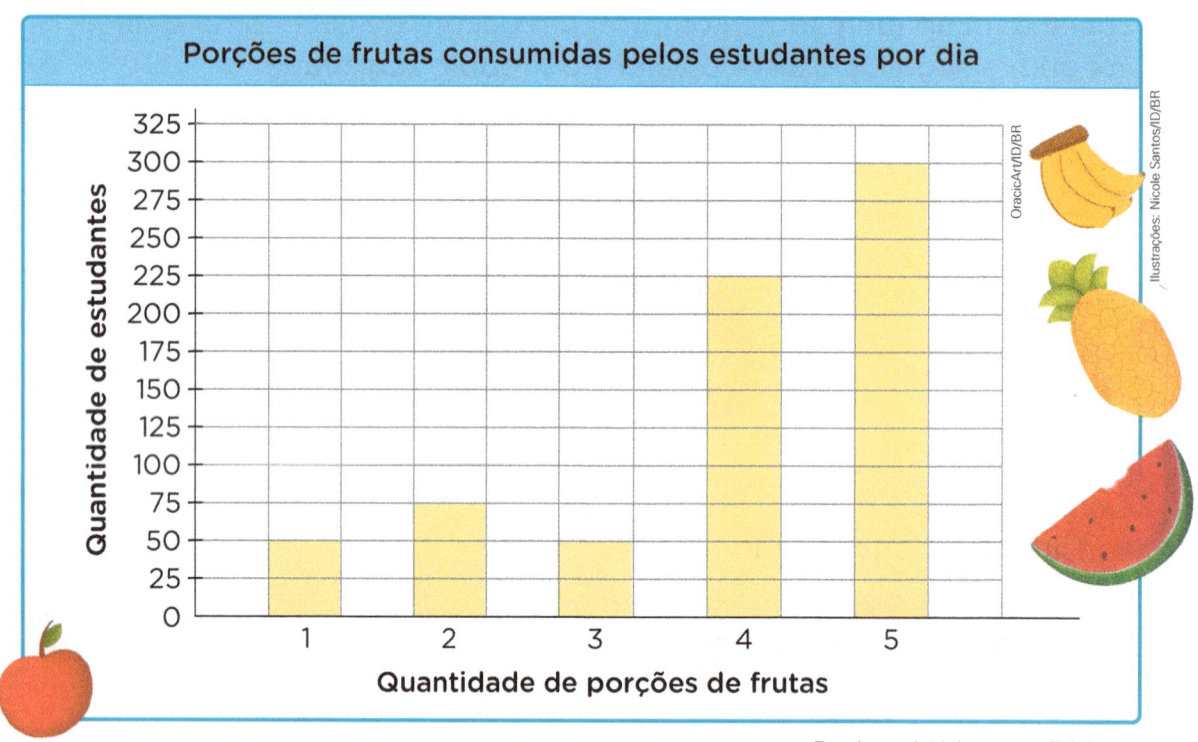

Porções de frutas consumidas pelos estudantes por dia

Dados obtidos por Fátima.

a) Quantos estudantes consomem 5 porções de frutas por dia?

_____

b) Use a calculadora e responda: Quantos estudantes foram entrevistados no total?

_____

c) Quantos estudantes consomem menos de quatro porções de frutas por dia?

_____

2. Lucas fez uma pesquisa sobre espécies de animais vertebrados brasileiros no *site* do Instituto Chico Mendes de Conservação da Biodiversidade. Veja o gráfico que ele elaborou com os dados que obteve.

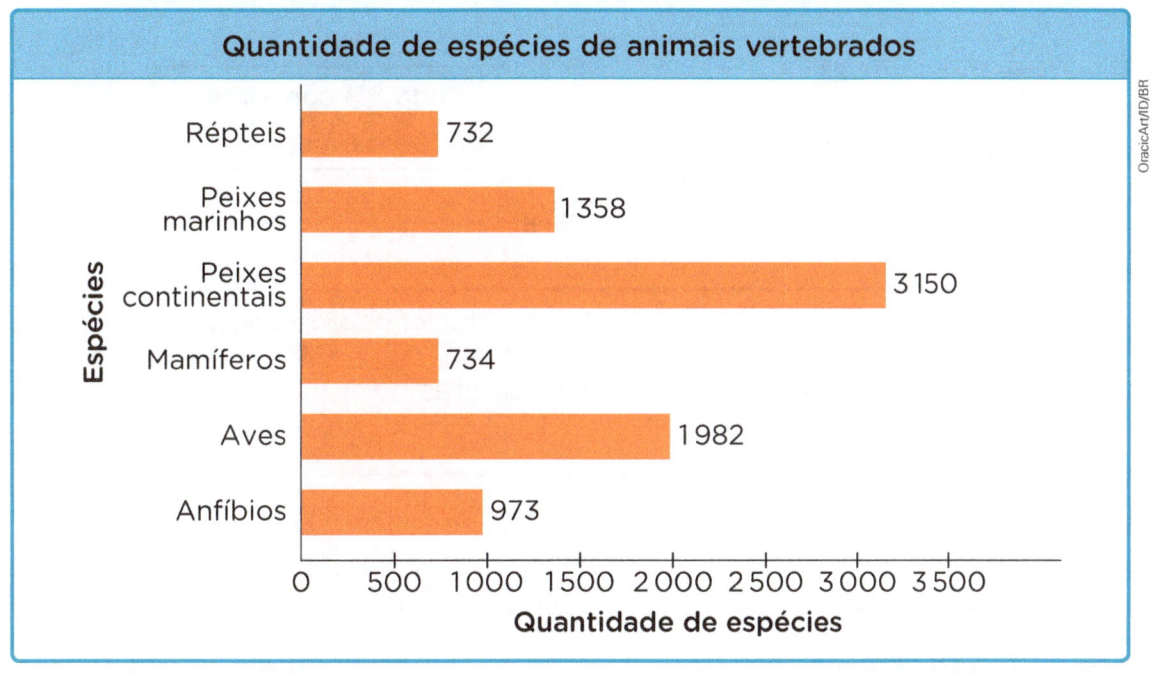

Quantidade de espécies de animais vertebrados

Fonte de pesquisa: ICMBio. Disponível em: https://www.icmbio.gov.br/portal/faunabrasileira. Acesso em: 7 abr. 2022.

Agora, analise os dados apresentados no gráfico e compare as quantidades de espécies. Depois, escreva um pequeno texto com suas conclusões.

_____

_____

_____

_____

_____

_____

_____

_____

_____

_____

3. Observe o pictograma a seguir e, depois, responda às questões.

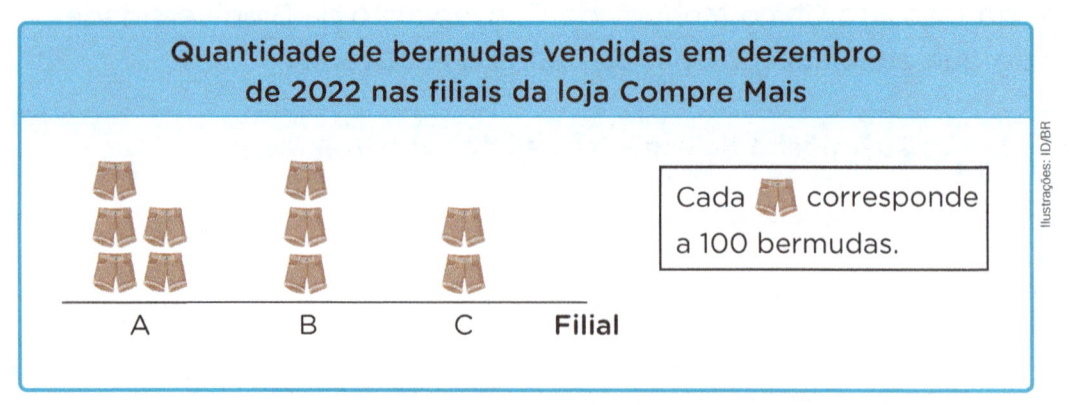

Dados obtidos pela loja Compre Mais.

a) Qual filial vendeu mais bermudas? Quantas?

_____

b) Qual filial vendeu menos bermudas? Quantas?

_____

4. Veja no gráfico pictórico a quantidade de maçãs vendida por um feirante no período de março a julho de 2022. Depois, responda às questões.

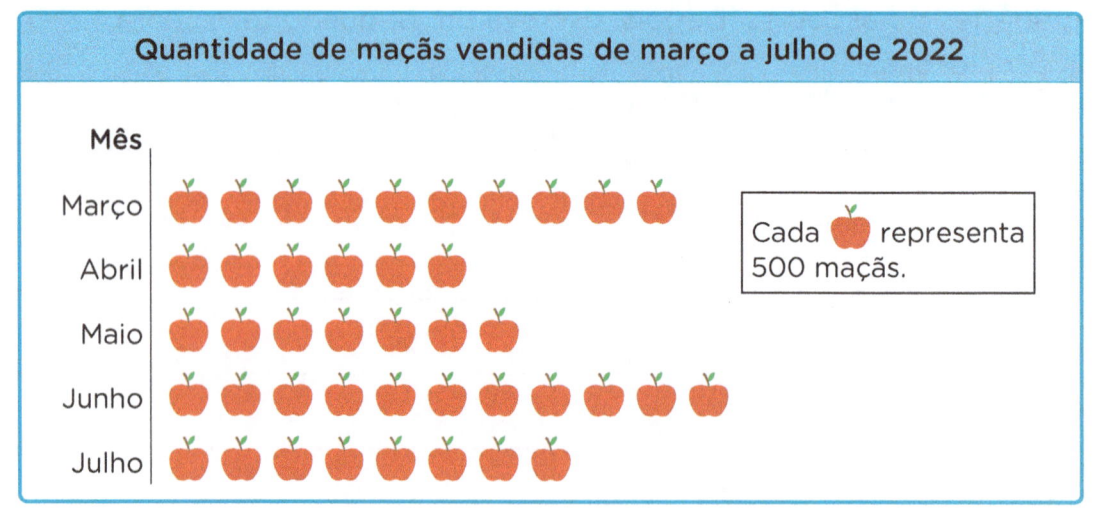

Dados obtidos pelo feirante.

a) Quantas maçãs foram vendidas em junho?

_____

b) Em que mês foram vendidas exatamente 3500 maçãs?

_____

5. Gustavo trabalha em uma empresa que organiza eventos. Observe o gráfico que ele fez para comparar a quantidade de pessoas que compraram ingressos de *shows* nos quatro últimos meses de 2021 e de 2022.

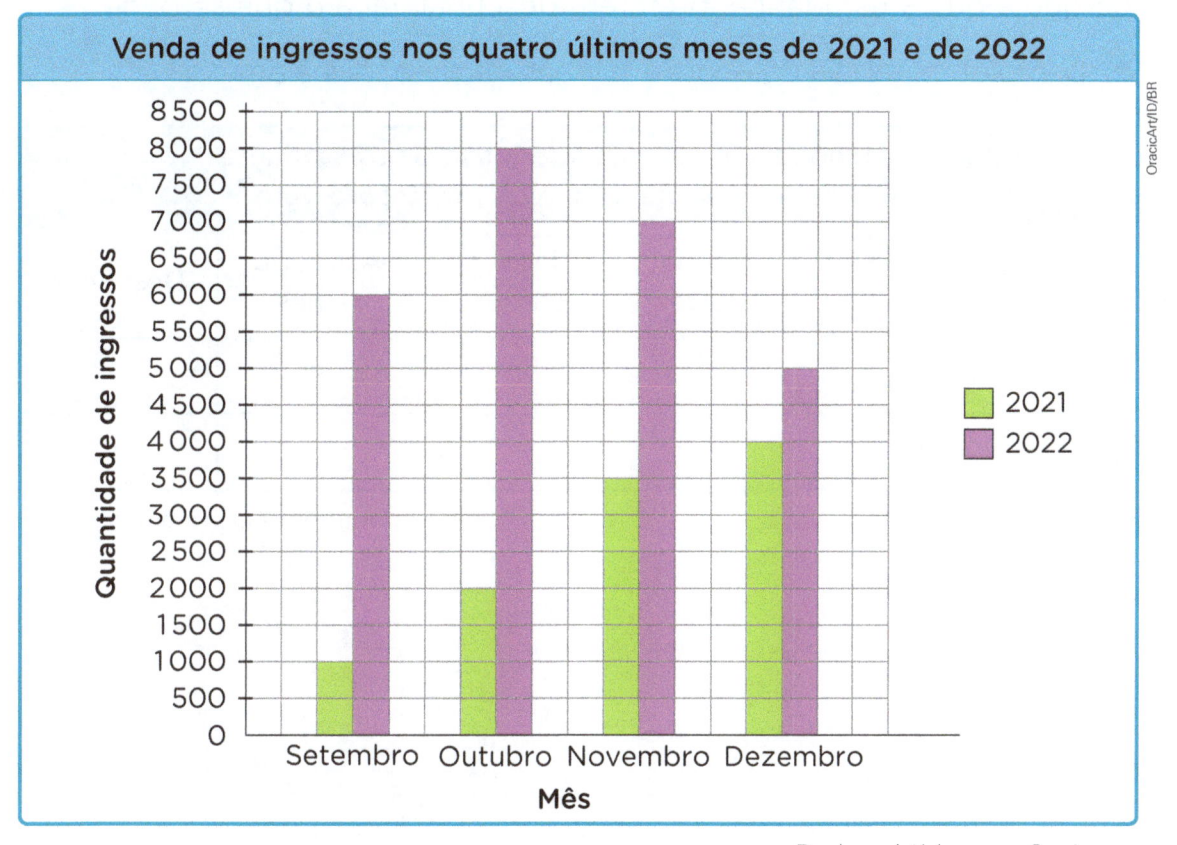

Dados obtidos por Gustavo.

a) No mês de novembro, o número de ingressos vendidos em 2021 foi maior ou menor que o vendido em 2022?

_____

b) Qual é a diferença entre os números de ingressos vendidos no mês de outubro de 2022 e de 2021?

_____

c) Em qual mês o aumento da venda de ingressos em comparação com o mesmo período do ano anterior foi menor?

_____

d) Qual foi o total de ingressos vendidos nos quatro últimos meses de 2021? E de 2022?

_____

_____

6. A professora Vera fez uma pesquisa sobre as atividades de lazer preferidas dos estudantes de suas duas turmas de 4º ano. Sabendo que há 30 estudantes em cada turma, que 22 estudantes preferem brincar no parque e que 9 estudantes preferem desenhar, faça o que se pede.

a) Complete a tabela de acordo com as informações acima.

Atividade Turma	Praticar esportes	Brincar no parque	Assistir a filmes	Desenhar
Atividades de lazer preferidas pelos estudantes das turmas de 4º ano da professora Vera				
4º A		10	8	
4º B	11			4

Dados obtidos pela professora Vera.

b) Complete o gráfico com base nos dados da tabela do item **a**.

Dados obtidos pela professora Vera.

Pesquisa e organização de dados

7. Imagine que você e os colegas de turma vão participar de um evento e precisam escolher a cor das camisetas que deverão ser confeccionadas. Faça uma pesquisa com os colegas e verifique qual das cores disponíveis eles preferem. Registre as respostas na tabela a seguir. Lembre-se: Cada estudante deve escolher uma única cor e você também deve contar seu voto.

Cor preferida para as camisetas							
Cor	🔵	🟢	🟠	🟣	🔴	⚫	🟡
Quantidade de estudantes							

Dados obtidos por _____.

a) Quantas pessoas votaram? _____

b) Qual foi a cor mais votada? E a menos votada?

_____

c) Com o auxílio de uma planilha eletrônica, faça um gráfico de barras para representar os dados da tabela.

8. Pergunte a 10 pessoas o sabor de sorvete de que gostam: chocolate, morango, flocos ou outros. Pinte um sorvete para cada resposta e elabore seu pictograma.

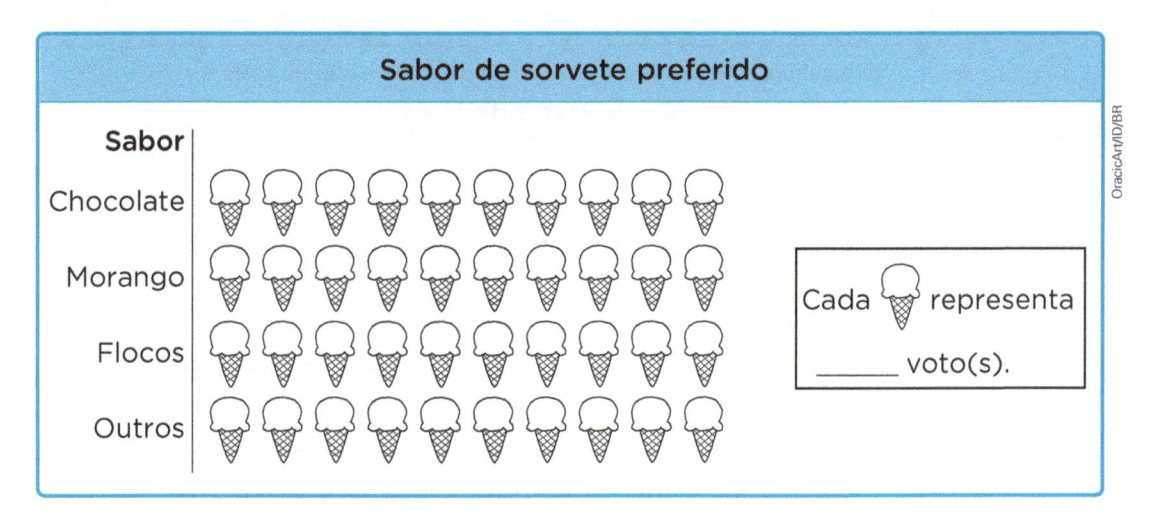

Dados obtidos por _____.

9. Quantos livros você acha que cada estudante de sua turma lê por trimestre? Pergunte aos colegas a quantidade de livros que eles leem, registre o resultado em um gráfico de colunas e, depois, responda às questões.

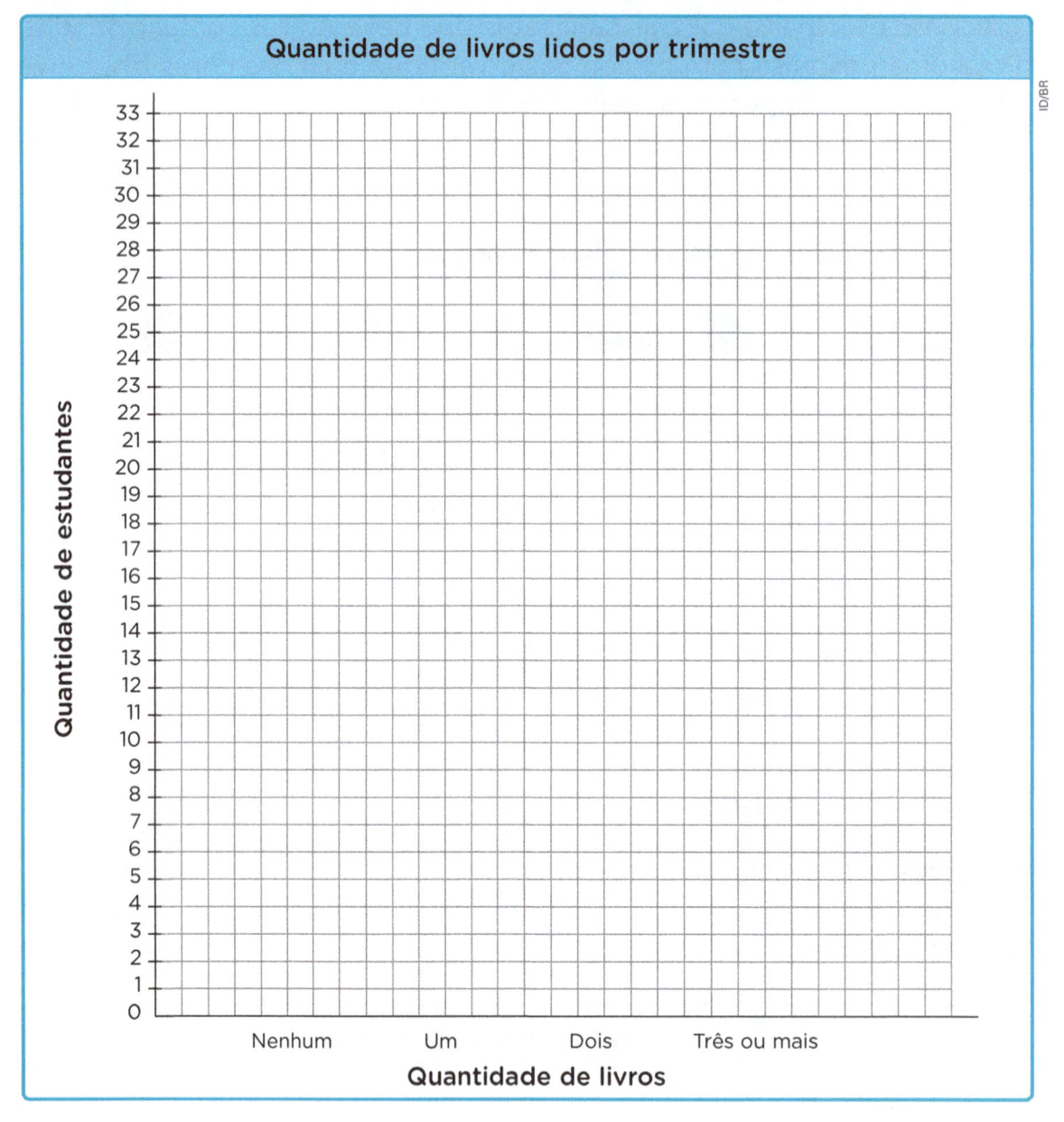

Dados obtidos por _____.

a) Quantos livros a maioria dos estudantes lê por trimestre?

_____

b) Quantos estudantes não leem nenhum livro por trimestre?

_____

c) Quantos estudantes leem dois ou mais livros por trimestre?

_____

10. Vamos descobrir quantos animais de estimação cada menino e cada menina da turma tem? Pergunte aos meninos e às meninas da turma quantos animais de estimação eles têm, registre o resultado e construa o gráfico de colunas duplas a seguir. Depois, responda às questões.

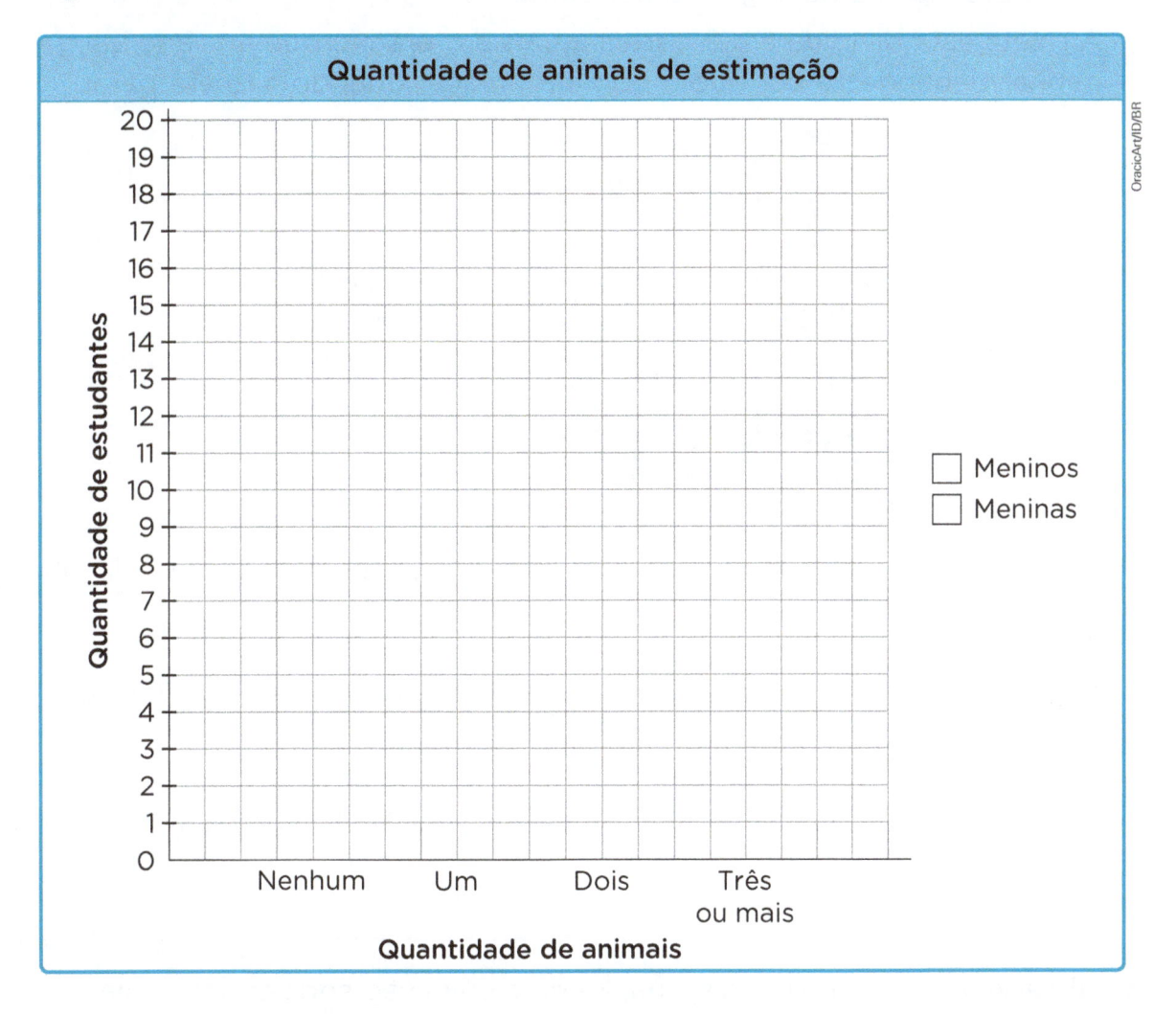

Dados obtidos por _____.

a) Quantos animais de estimação a maioria dos meninos tem? _____

E a maioria das meninas? _____

b) Quantas meninas têm três ou mais animas de estimação? _____

E quantos meninos? _____

c) Quantos meninos têm dois animais de estimação? _____

E quantas meninas? _____

d) Quantos estudantes não têm animais de estimação? _____

e) Quantos estudantes participaram da pesquisa? _____

Análise dos resultados de eventos

11. Luciano participou de uma gincana e tem direito a um prêmio. Para saber o seu prêmio, ele deve girar uma roleta.

A roleta está dividida em 9 partes iguais e o prêmio que Luciano vai ganhar depende da cor que o ponteiro indicar quando a roleta parar.

Ilustrações: Rafa Rodriz/ID/BR

- ○ Pacote de balas
- ● Bola
- ● Bicicleta

a) É possível saber com certeza o prêmio que Luciano vai ganhar? Justifique.

_____

b) Qual dos prêmios Luciano tem a menor chance de ganhar? Por quê?

_____

c) A chance de Luciano ganhar uma bola é maior, menor ou igual à chance de ganhar um pacote de balas?

_____

12. Observe as urnas das quais Ana, Maria e Júlia vão sortear uma bola.

Ana   Maria   Júlia

Qual das meninas tem maior chance de sortear uma bola verde? Por quê?

_____

_____

Possibilidades

13. Na caixa a seguir, há bombons de chocolate, de morango, de limão e de doce de leite. Vívian vai retirar um bombom dessa caixa sem olhar.

a) Há quantas possibilidades de Vívian retirar um bombom de:

- doce de leite? _____

- chocolate? _____

- limão? _____

- morango? _____

b) Qual sabor de bombom tem mais possibilidades de ser retirado da caixa? E qual tem menos possibilidades?

_____

_____

14. As bolas numeradas a seguir vão ser colocadas em uma urna, e Clara vai sortear uma delas sem olhar. Observe e, depois, responda às questões.

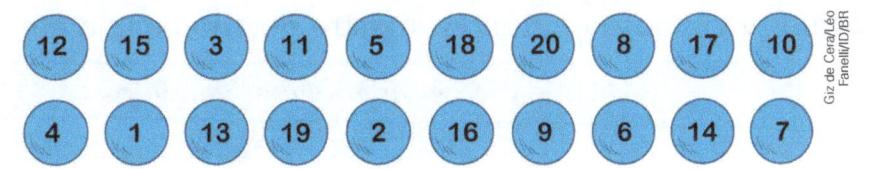

Quantas possibilidades Clara tem de sortear uma bola com:

a) o número 2? _____

b) um número par? _____

c) um número menor que 7? _____

d) um número maior que 11? _____

e) um número maior que 20? _____

PROBLEMAS

1. Paula é coordenadora de uma escola e realizou uma pesquisa para saber sobre as manifestações artísticas preferidas dos estudantes. Veja os dados que ela obteve.

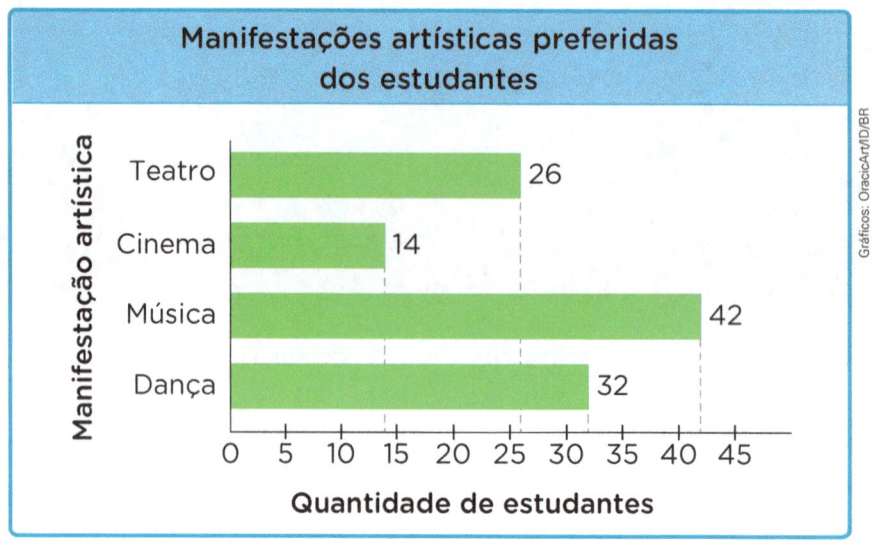

Dados obtidos pela coordenadora Paula.

a) Que manifestação artística foi a menos votada, ou seja, teve a menor frequência? _____

b) Que frequência teve a música? _____

c) Considerando que cada estudante optou por apenas uma manifestação artística, quantos estudantes participaram dessa pesquisa?

_____

2. Observe o gráfico pictórico que Eric fez para registrar a quantidade de *videogames* vendidos no último trimestre do ano na loja em que trabalha.

Dados obtidos por Eric.

a) Em qual desses meses houve a maior venda de *videogames*?

_____

b) Quantos *videogames* foram vendidos em outubro?

_____

c) Quantos *videogames* foram vendidos no último trimestre?

_____

3. Observe a seguir a tabela que Bianca organizou para controlar o valor que recebe de mesada e os gastos que tem.

Controle de gastos		
Valor / Mês	Mesada	Gastos
Janeiro	R$ 150,00	R$ 120,00
Fevereiro	R$ 160,00	R$ 120,00
Março	R$ 130,00	R$ 100,00
Abril	R$ 160,00	R$ 150,00
Maio	R$ 170,00	R$ 150,00
Junho	R$ 200,00	R$ 190,00

Dados obtidos por Bianca.

Em qual mês Bianca conseguiu guardar o maior valor de sua mesada?

_____

_____

4. Pedro e Janaína estavam brincando de sortear bolas. Janaína quer sortear uma bola vermelha. Observe as caixas sobre a mesa.

> Janaína, qual caixa você quer?

> Eu quero a caixa número...

CAIXA 1   CAIXA 2   CAIXA 3   CAIXA 4

Ilustra Cartoon/ID/BR

Qual é a caixa que Janaína deve escolher para que o evento aconteça com certeza?

_____

EXPLORE MAIS

1. Veja a tabela que Geraldo organizou para analisar a venda de alguns produtos em seus dois armazéns em um dia.

Quantidade de produtos vendidos		
Armazém / Produto	A	B
Biscoito	10	30
Manteiga	5	10
Azeite	15	25
Chocolate	40	30

Dados obtidos por Geraldo.

Depois, Geraldo elaborou um gráfico com os dados dessa tabela.

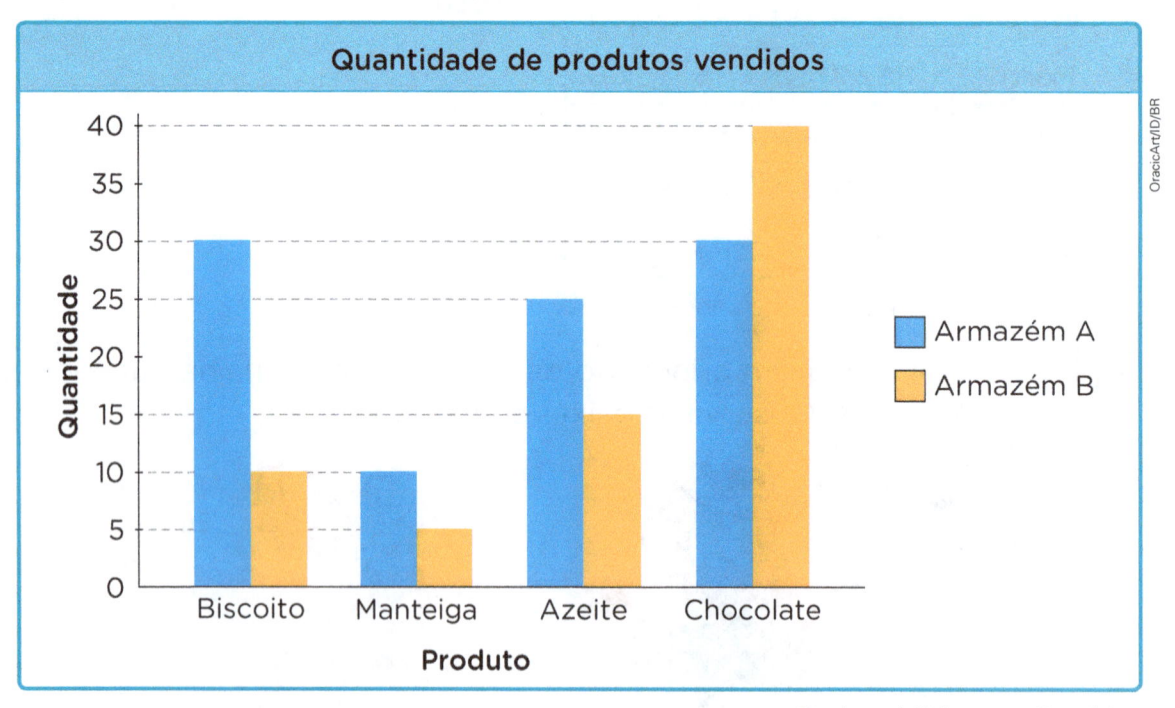

Dados obtidos por Geraldo.

O gráfico que Geraldo elaborou está correto?

a) ☐ Sim.

b) ☐ Não, pois ele inverteu as colunas referentes à venda do chocolate nos dois armazéns.

c) ☐ Não, pois a legenda do gráfico está invertida.

d) ☐ Não, pois ele colocou os produtos na ordem incorreta.

2. Um pacote com balas de diversos sabores tem 1 bala de morango, 15 balas de cereja, 20 balas de caramelo e 30 balas de menta. Bernardo vai retirar uma bala desse pacote sem olhar. O evento "retirar uma bala de morango desse pacote":

a) ☐ tem muita chance de ocorrer.

b) ☐ vai ocorrer com certeza.

c) ☐ é impossível de ocorrer.

d) ☐ é muito pouco provável de ocorrer.

3. Observe a roleta com que Vinícius e Eloá estão jogando.

Rafa Rodriz/ID/BR

Agora é a vez de Vinícius girar a roleta. Quantas possibilidades ele tem de a roleta parar em um animal que vive no mar?

a) ☐ 2 possibilidades.

c) ☐ 5 possibilidades.

b) ☐ 3 possibilidades.

d) ☐ 8 possibilidades.

4. Em um conjunto de números de 1 a 10, qual é a chance de escolher aleatoriamente um número par?

a) ☐ São poucas chances de escolher um número par.

b) ☐ É muito provável escolher um número par.

c) ☐ As chances de escolher um número par são as mesmas que as de escolher um número ímpar.

d) ☐ É impossível escolher um número par.